Veronica Gradl

Werte und Täuschungen

Veronica Gradl

Werte und Täuschungen

Über die Unterscheidung der Geister

Tyrolia-Verlag · Innsbruck-Wien

Der Beitrag „Hitler und die Hoffnung der Jugend“ war erstmals veröffentlicht in: Walter, Hans Jörg (Hrsg.), 1945–1995. Eine Fortsetzungsgeschichte?, Innsbruck 1996

Die Deutsche Bibliothek – CIP-Einheitsaufnahme

Ein Titelsatz für diese Publikation ist bei
Der Deutschen Bibliothek erhältlich

2001

Umschlaggestaltung: Claudia Gundolf, Rum
Druck und Bindung: Alcione, Trento
ISBN 3-7022-2394-0

Inhaltsverzeichnis

Einführung

In diesen vier Beiträgen, die bei ganz verschiedenen Gelegenheiten verfasst und als Vorträge gehalten wurden, wird der Versuch unternommen, deutlich zu machen, in welcher Weise „Mythen“ unverzichtbar wichtige Werkzeuge der Orientierung zwischen „richtig“ und „falsch“ sind: In ihrer Bildersprache drücken sie aus, wie wir unseren Verstand zur Wirklichkeit der Welt in Beziehung setzen („richtig herum“ oder „verkehrt herum“) und was das für Konsequenzen für die weitere Entwicklung hat. Denn es gibt „positive Mythen“, die deutlich bebildern, wie „im Sinne des Lebens richtig“ verstanden werden muss, was wir sehen und erleben – es gibt aber auch „negative Mythen“, die das Gegenteil ausdrücken: nämlich Verständnisweisen, die „im Sinne des Lebens falsch“ sind und unvermeidlich zu Zerstörung führen müssen. Solche negativen Mythen gehen von einem falschen Menschenbild aus, das der Wirklichkeit unseres menschlichen Seins in der Welt nicht gerecht wird.

Ein solcher zerstörerischer Negativ-Mythos ist z. B. der „nordisch gefärbte“, nationalsozialistische von Hitlers Drittem Reich. Ihm liegt ein *Menschenbild ohne inneres Wachstum* zugrunde. Mit fragloser Selbstverständlichkeit setzt dieser Mythos von der Überlegenheit der Herrenmenschen und der Unterlegenheit der „niedere Rassen“ voraus, dass es im wandlungslosen Stillstand der menschlichen Natur keine geistige Entwicklung gibt. So veranschaulicht er die *wandlungslose Verungeistigung des Menschen,* nicht nur als Ideologie, sondern auch in ihrer konkreten geschichtlichen Konsequenz.

Die zwei Beiträge „Hitler und die Hoffnung der Jugend“ und „Hitler – die Bedeutung eines Mythos“ befassen sich unter diesem Blickwinkel mit dem Dritten Reich und dem Problem der NS-Ideologie.

Die anderen beiden, die sich mit Fragen der Partnerschaft, der Emanzipation und unserer seelischen Verletzlichkeit befassen, möchten das Gegenbild deutlicher machen: dass nämlich die *Notwendigkeit inneren Wachstums* das spezifische Kennzeichen der menschlichen Natur ist. Die Entwicklung des „geistigen Lebens" ist das Kernthema aller lebensfreundlichen positiven Mythen und der wesentliche Inhalt aller Religion: der geistige Weg, die Wandlung, das „Mehrwerden an Wesen". Es geht in allen positiven Mythen – allen voran in den religiösen – um den Prozess einer wachsenden Vergeistigung: um die Entwicklung einer zweiten „geistigen Natur" in uns, die zwar in uns angelegt, aber nicht fertig ist und durch unsere eigene Mühe und Aufmerksamkeit erst in uns zum Erwachen gebracht werden muss. In ihren mythischen Bildern reden sie vom Schutz dieses geistigen Lebens: vom Aufbau seiner zukünftigen Struktur, von der strengen Gesetzmäßigkeit, der es gehorcht, und von dem Reichtum an Leben, den es uns bringen möchte. Deshalb gehören „Tod und Leben", „Vergänglichkeit und Dauer", „Einmaligkeit und Wiederholung" zu den Grundthemen aller mythischen Erzählungen – und deshalb ist der „Untergang zur Verwandlung", der „Grenzübergang", die „Überwindung" und die „Wiederkehr auf einer anderen Ebene" ein zentrales Anliegen religiöser Mythen.

In den beiden Beiträgen „Von Siegfrieds Hornhaut" und „Emanzipation wohin?" habe ich versucht, dieses Thema des geistigen Wachstums deutlicher ins Bild zu bringen: im Ersten durch Gegenüberstellung der so verschiedenen Landschaften des „nordischen" und des „christlichen" Mythos – im Letzteren durch eine Darstellung, in welche Richtung diese Notwendigkeit inneren Wachstums zielt. Vielleicht wird dadurch deutlicher, wie innere Entwicklung im Einzelnen die äußere Entwicklung zwischen den Menschen tragen muss und umgekehrt: wie innen in uns „der Mann in der Frau" und „die Frau im Mann" erst heranwachsen müssen – wie das durch äußere Beziehung zwischen Menschen ermöglicht wird – und was es dann in der Außenwelt für die Beziehung zwischen Frauen und Männern bedeutet, wenn diese innere Paarbildung im Einzelnen gelang.

Auf den ersten Blick mag es scheinen, dass das recht verschiedene Themen sind. Und doch haben diese vier Texte ein dringliches gemeinsames Grundanliegen: die unbedingte Notwendigkeit einer geistigen Weiterentwicklung bis zu einer künftigen Verfassung aktiver Menschlichkeit in jedem von uns und zwischen uns allen.
Solche geistige Weiterentwicklung besteht in Schritten der Überwindung von innerem Zwiespalt (Ambivalenz) und bedeutet Zunahme an Beziehungsfähigkeit, Verantwortung, Einsicht und seelischer Kraft. Was dabei „überwunden" wird, ist die eigene Unentschiedenheit und Zerrissenheit, die enge Rücksicht nur auf die eigene Person, das Bedürfnis, sich durchzusetzen um jeden Preis, und der „kleine" Wille, mir selber Vorteil auf Kosten anderer zu verschaffen; was dabei „wächst", ist die Bündelung und Zentrierung der Person, die Einsicht in tiefere Zusammenhänge, die Kraft, dieser Einsicht zu folgen, und der „größere" Wille, dem Leben aller dienen zu wollen, und nicht nur mir selbst.
Solches „Wachstum" ist also ethischer Natur und hat mit der Unterscheidung von „gut" und „böse" zu tun. Es ist *Wachstum an gutem Willen* und führt zur zunehmenden „Integration des eigenen Wesens": Die verschiedenen gegensätzlichen Strebungen, die natürlicherweise in uns sind und bewirken, dass wir so oft mit uns selbst uneins sind, kommen zur Aussöhnung miteinander und verbinden sich zur Einheit, wenn unter einem größeren Gesichtspunkt erkannt werden kann, was „wesentlich" ist und wo „der Sinn gefunden" wird. Das gibt veränderte Wunschziele.
Aus beidem (aus der Einsicht in das Wesentliche und aus dem Finden von Sinn) entspringt innen „Frieden für mich" und nach draußen Wirksamkeit zur Gestaltung von Welt. Denn beides (der Frieden und die Wirksamkeit) bedeutet „Wachstum des Ich" an Urteilsklarheit, an Einheitlichkeit des Wollens, an Tatkraft, Mut, Geduld und Sammlung. Das, was „ich bin", wird dadurch tiefer „individuell" und unzerteilbar: solcher Wachstumsprozess ist „Individuation", ganz unverwechselbar macht er „mich zu mir" (Individuum).

Nun ist es zur Zeit sehr modern zu behaupten, dass „das Ich" eine Illusion sei. Was wir „Person" nennen, sei Rollenspiel und Maske und „das Individuum", für das wir uns halten, sei in Wirklichkeit ein Sammelsurium von Bruchstücken und Teilpersönlichkeiten. Diese sehr resignierte Einschätzung geht von der Grundvorstellung aus, dass „der Mensch" in seinem Wesen unveränderlich, ganz überwiegend körperlich bestimmt und zu einem „Mehrwerden" geistiger Art weder genötigt noch auch fähig sei: Zerrissenheit, Machtstreben und Gewalttat seien bleibende Merkmale, ihre Überwindung nicht möglich, und schon der Versuch dazu sei eine Form der Selbsttäuschung und Verleugnung. (In solcher Einschätzung macht sozusagen der rationale Verstand mit seinen vernünftigen Argumenten sich das Menschenbild der Nibelungensage zu Eigen: Er folgt in seiner Auffassung der menschlichen Natur ganz genau dem, was das „mythische Bilderdenken der Seele" im „negativen Mythos vom wandellosen Rachebedürfnis" auf bildhafte Weise ausgedrückt hat.) Das hat weitreichende Folgen: Denn eine solche Einschätzung nimmt dem Verstand jede Möglichkeit, auch nur zu denken, dass es „Wachstum an Wesen durch Integration" überhaupt geben könne. Die Bemühung darum erscheint deshalb nicht etwa bloß als „zu anstrengend", sondern „sie kommt von vornherein gar nicht in Frage". Sie kann überhaupt nicht ernstlich in Betracht gezogen werden, da sie ganz grundsätzlich und zweifelsfrei als Irrtum, Täuschung, Verblendung und Illusion zurückgewiesen wird. So bleibt eine grundsätzliche Veränderung der Wunschziele unvorstellbar.

Die Forderung nach „geistig-seelischem Wachstum" war durch viele Jahrhunderte von der Religion vertreten. Aber da diese den Anspruch auf absolute Gültigkeit verloren hat, hat auch sehr an Glaubwürdigkeit eingebüßt, was sie vom Einzelnen verlangt. Da hilft es auch nichts, dass sie es so dringlich als wirklich erreichbar verspricht. So verkommt die ethische Forderung nach „Überwindung" mehr und mehr zum verblendeten moralischen Anspruch, der teils der Selbsttäuschung des Einzelnen dient, teils als Machtinstrument von Institutionen und ihren herrschsüchtigen Vertretern missbraucht wird.

Die nachfolgenden Texte versuchen ganz ausgesprochen, zu solchen resignativen Vorstellungen eine Gegenrichtung zu skizzieren: Sie möchten bildhaft machen, dass die Bemühung um „Überwindung" lebensnotwendig und auch möglich ist. Sie möchten dringlich ausdrücken, dass wir solche Mühe nicht scheuen sollten und auch nicht zu scheuen brauchen; denn unser Wesen ist daraufhin angelegt, dass dieses große Werk der eigenen „Wandlung" gelingt. Ohne solches „Wachstum an Wesen", ohne diese Art von „geistiger Weiterentwicklung", verliert unser Verstand die Fähigkeit, zwischen der wirklichen Welt und unseren selbst gemachten, illusionären Scheinwelten zu unterscheiden.
Das heißt, die ethische Bemühung um das wirkliche und wirksame Gut-Werden des Willens ist eine absolut notwendige Anstrengung, unsere Fähigkeit zum Realitätskontakt zu erhalten; und der brennende Wunsch nach der Einung des Herzens ist die Grundlage unserer künftigen Lebensmöglichkeit.

Es sei hier deutlich ausgesprochen, dass wir ohne eine gültige ethische Wertordnung nicht „bei Vernunft bleiben" können. Unser Verstand ist zu täuschbar: Alles, was Worte findet, kann so gesagt werden, dass wir es uns einreden lassen und endlich selber glauben: alles, selbst der größte Unsinn und die schlimmste Unmenschlichkeit. Das ist durch dies gigantische „Menschenexperiment" der Nazi-Zeit und das, was sie aus den Menschen gemacht hat, ein für alle Mal bewiesen: In kurzen zwölf Jahren zusammengedrängt, gut dokumentiert, und in überdeutlichen Linien bildet sie ab, *was der Verlust des subjektiven ethischen Gewissens von uns übrig lässt,* nämlich gar nichts. Er nimmt uns die Individualität und die Gefühle, den Mut, die Hoffnung und auch den Verstand. Was bleibt, ist Verwirrung, Ohnmacht, Selbsttäuschung und Lüge, bis hin zu einer nahezu wahnhaften Verzerrung der Realitätswahrnehmung. Einigermaßen überrascht könnten wir daraus lernen, dass die verbindlichen ethischen Maßstäbe und die Wachheit des persönlichen Gewissens zur Kernstruktur des Ich gehören und seine Lebenskraft tragen.

Die Unterscheidung zwischen „wirklichen Werten" und verhängnisvollen „Täuschungen" ist also das Grundanliegen dieses Büchleins: Alle vier Beiträge beschäftigen sich mit der Beziehung zwischen dem rationalen Verstand und dem „mythischen Denken", aus dem unsere nächtlichen Träume, die Märchen und alle großen Mythen der Menschheit stammen, auch und vor allem die großen mythischen Erzählungen der Religionen. Dies „mythische Denken" in uns ist nicht etwas „Primitives" oder Kindliches; es ist der Gesprächspartner unseres rationalen Verstandes und die zweite Hälfte unserer Vernunft. Denn der rationale Verstand ist dazu befähigt, einen Ausschnitt der Wirklichkeit aus der Fülle des Ganzen auszugrenzen, ihn „anzuhalten", als ob er aus der Zeit herausgenommen sei („Stillstand"), um ihn genau zu betrachten und seine Einzelheiten zu untersuchen („wie ist das beschaffen?").
Währenddessen betrachtet das „mythische Denken" die Beziehungen zwischen allen Einzelheiten und dem Ganzen, das Wirken der Kräfte und den lebendigen Gestaltungsprozess im Fließen der Zeit. Es sieht, „wie es wurde und weiter werden wird": Es sieht die *schöpferische Bewegung des Lebens.* Es sieht die Richtung der Veränderungen von der Vergangenheit her bis heute und weiter in Zukunft: es sieht das WERDE-GESETZ und das MISSLINGEN. Wir brauchen beide Hälften unserer Vernunft für unser „vernünftiges Menschsein", wir brauchen sie als gleichwertige Partner im Dialog miteinander. Das heißt: wir müssen dringlich lernen, die „mythische Sprache" dieses Denkens-in-Bildern zu verstehen, denn es spricht zu uns von unserer richtigen Weiterentwicklung und von den Wegen der Zukunft.

Von Siegfrieds Hornhaut

Warum die Verletzlichkeit nicht wirklich ein Unfall ist

Etwas über die Evolution und die Seele des Menschen

Hier möchte ich etwas über die Verletzlichkeit sagen – nur wird es vielleicht das Gegenteil von dem sein, was Sie sich erwarten. Denn ich möchte nicht darüber reden, wie man sie loswerden kann, sondern im Gegenteil: ich möchte sie Ihnen anempfehlen als das Kernstück unserer Lebendigkeit.

Den Titel „Von Siegfrieds Hornhaut“ habe ich gewählt, weil die Nibelungensage allgemein bekannt ist und weil das Bild des „hornhäutigen Helden“ mit der verborgenen Stelle seiner Verwundbarkeit so ausdrucksvoll zu unserem Thema passt. Mir scheint sogar, dass das kein Zufall ist.

Damit deutlich wird, was ich damit meine, muss ich Sie bitten, einem weiten Gedankenbogen zu folgen:

In der Entwicklungsgeschichte der Lebewesen experimentiert die Evolution schon seit Milliarden von Jahren mit der Zentralisierung und Intensivierung der Lebensprozesse. Balancierend zwischen Nähe und Distanz, Trennung und Verbindung, schutzloser „Verletzlichkeit“ und isolierender „Panzerung“ verlagert sie den „Brennpunkt“ der Lebensintensität immer weiter nach innen und zugleich immer weiter nach außen: *Sie schafft lebendige Beziehung von wachsender Intensität und Reichweite,* indem sie lebende Wesen in zunehmender Freiheit immer mehr vereinzelt, um sie zugleich durch ihre eigene zunehmende Wachheit immer tiefer mit immer mehr Welt zu verbinden. In der Entstehungsreihe der Lebewesen sind die höheren Säugetiere bereits erstaunlich unabhängig von Umgebung und Klima geworden, indem sie in sich selber finden, was niedere Tiere von außen brauchen (z. B. haben sie „das Meer“ nach innen genommen, so dass die Körperflüssigkeiten alle Gewebe umspülen. Sie haben „die Sonne" verinnerlicht, so dass sie ihre Körperwärme Tag und Nacht selbständig aufrechterhalten). Das einzelne Tier hat so ein hohes Maß an Bewegungsfreiheit und Selbständigkeit gewonnen, während zugleich seine zunehmende „Innerlichkeit" ihm eine intelligente Verbindung zur Welt und hochkomplexe soziale Beziehungen zu seiner „Gruppe" ermöglicht.

Wir Menschen haben an all diesem teil – aber darüber hinaus geht in uns die Entwicklung um einen gewaltigen Schritt weiter in Richtung „Verdichtung": In uns macht sich die „Innerlichkeit" selbständig und wird „eine eigene Welt". SEELE entsteht im „Säugetier Mensch" als eine ganze immaterielle „Welt-in-der-Welt". Dieser Schritt nach innen ist nicht fertig. Denn so, wie wir derzeit „ich" sind, hat noch viel Seelenbereich nicht an der Wachheit des Bewusstseins teil – und dementsprechend rudimentär entwickelt ist „die Beziehung nach draußen". Die Entwicklung drängt aber weiter: In uns möchte ein Aufwachen stattfinden, ein Aufwachen zu mehr und intensiverer Bewusstheit nach beiden Richtungen: zu mehr „Innerlichkeit" drinnen und dementsprechend zu intensiverer Beziehung von größerer Reichweite nach außen zu mehr äußerer „Welt". Dazu müssen wir „auf der seelischen Ebene" noch einmal wieder die gleiche Unabhängigkeit erringen, die wir „auf der körperlichen Ebene" mit den Tieren gemeinsam bereits haben: auch für die Seele wird ausreichende Unabhängigkeit des „inneren Lebens" von der Beschaffenheit der (materiellen und sozialen) „Umgebung" und vom (Beziehungs-) „Klima" gebraucht, damit sie sich im „seelischen Raum" drinnen und im Sozialraum der „mitmenschlichen Beziehungen" selbständig und frei bewegen kann. Das verletzliche und abhängige „ich" muss zum aktiven und eigenständigen Zentrum werden („Lebewesen"), damit es selbständig urteilen und handeln kann. Es muss sich so zu Bewusstsein verdichten, dass es „die Tiefen der eigenen Seele erhellen" und um die „dunklen Regungen" darin wissen kann, während es zugleich auch

die anderen Menschen so hell in der Aufmerksamkeit hält, dass es verstehen kann, wo die lebendigen Beziehungen zu ihnen von der Gefahr destruktiver Abbrüche bedroht sind. Es muss also seine Willens-Impulse selber in Zaum halten können, damit es jederzeit „im Sinne des Lebens“ handeln kann, nämlich nicht nur nach einer „egozentrischen“ Beurteilung, sondern nach einem Urteil „in Sachen des Ganzen“. Das heißt: „Das Ich“ („ich“) soll/will „ganz und gar menschlich“ werden; was bedeutet, dass es/„ich“ mit Welt und Menschen erkennend und aktiv „in Liebe verbunden“ bleibt.
Das heißt also auch: So, wie wir derzeit (noch) „ich“ sind (wie wir also denken, leben und mit uns selbst und miteinander umgehen), stehen wir mitten in einem Wachstumsprozess, der nicht abgeschlossen ist – wir sind sozusagen erst „halb fertig“.
Körperlich sind wir zwar ausgewachsen, wenn wir etwa zwanzig sind, aber „innen“ nicht; seelisch-geistig geht das Wachsen drinnen weiter (oder sollte es zumindest tun). Denn der „innere Mensch“ im äußeren Menschen entsteht langsamer. Er wächst in uns heran, wie ein Embryo im Mutterleib. Es geschieht aber nicht einfach „von allein“ und ohne unsere aktive Mithilfe, dass er allmählich fertig wird. Sondern es hängt ausdrücklich von unserem bewussten Entschluss zum „Gutsein des Willens“ ab, ob er in uns reif werden kann und aus uns „in die Welt geboren wird“. Denn seine Wachheit ist eine ethische Beziehungswachheit (Liebe) und soll durch uns zum aktiven Träger und Gestalter der menschlichen Beziehungswelt werden.

Das ist der nächste Schritt in der Richtung der Evolution: dass aus uns, zwischen uns, durch uns die Energiequalität LIEBE entsteht, um die Menschenwelt (und mit ihr die ganze übrige Welt) zusammenzuhalten. Dass dieser Entwicklungsschritt bislang nicht fertig getan ist, ist wohl offensichtlich. Ihn zu Ende zu tun, verlangt „Überwindungsleistung“ von uns: Wir selbst müssen uns zuerst so „ordnen“ und dahin wachsen, dass wir als „Träger dieser Energie“ brauchbar sind.

Denn diese neue, menschliche, zusammenhaltende Energiequalität Liebe besteht zwar aus „seelischen Kräften", ist aber deswegen doch nichts „Unwirkliches", sondern auf dieser ihrer Ebene der geistbegabten Materie genauso real wirksam und so stark wirkend, wie die physikalischen Kräfte der Elektrizität auf der materiellen Ebene oder die biologischen Kräfte der Vitalität auf der Ebene der belebten Materie wirksam sind. Sie ist GEIST (Beziehungsenergie) und enthält unsere gesamte Bewusstseinsbegabung in sich: Fühlen, Intuition, Sinneswachheit, Wissen, Urteilsfähigkeit, Wille, Gedächtnis, Hoffnung und Tatkraft; sie enthält den Menschen als Ganzes mit allen seinen Begabungen. Denn sie kommt erst durch den Menschen (ganz allgemein) in die Welt. Aber wie die ganz konkreten einzelnen Elektronen der elektrisch leitenden Substanzen notwendig sind, damit „Elektrizität" als physikalische Energieform in Erscheinung treten kann, oder wie die einzelnen Zellen der lebenden Körper notwendig sind, damit „Lebenskraft" als biologische Energieform wirksam werden kann, genauso sind die einzelnen Menschen in ihrer höchst besonderen Realität notwendig, dass sie die Geist-Energieform Liebe haben, tun und tragen und sich „von ihr bewegen lassen", damit dieser kreative Energiestrom Geist durch Zeit und Raum fließen und „das Leben des Ganzen" erhalten kann. Denn „ganz allgemein", ohne solche realen Träger, kann sich Liebe als „menschliche Energieform" nicht verwirklichen.

Damit wir als „Energieträger" solcher Geist-Energie brauchbar sind, ist es notwendig, dass sich der „innere Mensch" in uns entwickelt: In größerer Freiheit tiefer vereinzelt soll dieser „innere Mensch" („ich") so lebenskräftig werden, dass er „mich" in Stand setzt, freiwillig die „Beziehungslast" meiner selbständigen Beziehung zur Welt so ganz aus eigener Kraft zu tragen, dass keine Bedingung (auch kein Verhalten anderer) mich länger unfrei machen kann.

Die gute Entscheidung für das unbeschädigte Leben soll „mir" jederzeit möglich sein. Denn wo einer sich so „geordnet" hat, dass

er das kann, bedeutet das für das Ganze hilfreichen Zustrom an Kraft und für ihn selbst dauernde „Freiheit von allen automatischen Abläufen":
Er ist frei, jetzt und hier ganz neu und situationsgerecht zu entscheiden, was zu tun gut ist, wobei dies „Gute" zugleich schöpferisch wird, weil es Leben ermöglicht.
Diese Freiheit besteht in der Kraft, nicht länger „rachsüchtig" oder auch „ganz unbewusst" aus Groll, Angst, Neid oder Resignation auf Zerstörung mit Zerstörung zu antworten, sondern in jedem Augenblick „beziehungs-kreativ" eine lebensfreundliche Antwort zu finden – auf jede Situation und jede Begegnung erstmalig, einmalig, unwiederholbar die Antwort, die in der unwiederholbaren Einmaligkeit dieses Augenblicks die darin enthaltene gute Möglichkeit wahr macht.
Diese noch unfertige menschliche Freiheit von unbewussten Automatismen ist das Gegenteil und die Aufhebung und die „erhöhte Vollendung" der Instinktsteuerung, durch die das Tier „automatisch" in seine Welt eingepasst ist. Denn diese unsere menschliche „Freiheit zur Liebe" schafft auch sichere Einpassung – aber nicht eine passive, „willenlose", sozusagen von außen vorprogrammierte, sondern eine aktive, wissende, freiwillige, subjektiv einzelne von ganz innen („ich"). Ihrem Wesen nach ist diese Freiheit Kreativität: von Augenblick zu Augenblick lässt sie Zukunft für das Leben neu entstehen.
Dass solche Kreativität in unserem Verstand und Wesen angelegt ist und durch uns bewusst aktiv verwirklicht werden muss und kann, ist das Wesentliche, „ganz Neue" und Außerordentliche am Menschen.

Durch die Begabung mit „Seele" sind wir also dazu bestimmt, „ständig Neu-Werdende" und „ständig Erneuernde" zu werden: lebenslang in Wandlung, lebenslang nicht „fertig". Diese Sprengkraft der Kreativität in uns ist eine ständige Beunruhigung – und unsere kostbarste Mitgift. Sie ist unser größter Schatz, von uns zu behüten als etwas Lebendiges, wie „unser Kind" in uns zu bewahren und „großzuziehen", damit wir durch sie als ganze Person von innen her umgeformt und im Wesen gewandelt werden. Das ist ein lebenslänglicher Wachstumsprozess, der bis in den Körper hinein unsere seelisch-geistige Lebenskraft (HOFFNUNG) ist und trägt. Kein Tier hat das: Dieser Wachstums- und Wandlungsprozess ist die Lebensflamme im „ich", die innerste Mitte der Menschlichkeit, der kreative Kern „meiner Seele" – und das absolut Beste, was wir haben.

Der Kaufpreis dafür ist die „Verletzlichkeit":

Schon auf der Körperebene fängt das an: Wir kommen „unfertig" (in einem „frühgeburtlichen Zustand") zur Welt und bleiben mangelhaft spezialisiert, für viele Aufgaben unzulänglich gerüstet und schlecht geschützt, mit Füßen ohne Hufe, mit Händen ohne Krallen, panzerlos und mit einer Haut, die so dünn ist, dass jeder ganz gewöhnliche Sturz zu Verletzung und Blutfließen führen kann. Dafür sind wir aber auch begabt mit einer hohen Flexibilität der Fertigkeiten, mit vielseitiger Geschicklichkeit und einer ungeheuren Bandbreite der Wahrnehmung.

Ein Beispiel: Der Bussard erspäht mit scharfem Auge die winzige Maus drunten im Gras, die seine Beute ist; dagegen sagt der blühende Mohn daneben ihm gar nichts. Wir sehen die Maus zwar nicht so scharf wie er, dafür nehmen wir aber das ganze „Beiwerk" wahr, das für den Bussard als „überflüssig" weggelassen ist: die Buntheit der Wiese, das Kornfeld daneben, die Weite des Himmels – wir sehen Welt unabhängig vom unmittelbaren Nutzen.

Denn durch die Begabung mit „Seele" hat sich uns der Weltbezug sprunghaft und gewaltig erweitert um die vielfältige seelische Dimension der „Ergriffenheit". Vom Standpunkt der Evolution aus betrachtet, ist das etwas umwälzend Neues: in den „heißen Gefühlen" erschuf sich die Natur den Erfahrungsgrund für die Energieform LIEBE.

Der Kaufpreis dafür ist, dass die „Verletzlichkeit" noch zunimmt: nicht nur der Körper ist „schutzlos" – die Seele noch viel mehr.

Denn wir werden auch innen „in einem frühgeburtlichen Zustand“ geboren, unfertig, beeindruckbar, ungeschützt und schlecht gerüstet – dafür begabt mit einer unvergleichlichen Flexibilität der Anpassung, einem ungeheuren Zuwachs an Wahrnehmung (nicht nur für außen, sondern auch für die ganze weite Landschaft SEELE, für das allerfeinste Wechselwirkungsgewebe emotionaler und geistiger Prozesse) und mit der erstaunlichen Gabe, auf Dauer „kindlich“ zu bleiben, d. h. lebenslänglich weiterzulernen.
Die Intensität heißer Gefühle trägt unsere innere, seelisch-geistige Wandlungs- und Wachstumsfähigkeit. Die Kraft des „brennenden Herzens“, vor Wut zu „lodern“, vor Schmerz, Trauer, Zorn und Freude zu glühen, von Ergriffenheit „entflammt“ zu werden, ist die Keimzelle unserer Kreativität. Und die erschöpfende innere Mühe, dies ursprüngliche Lodern aus seinem ersten Naturzustand voller Widerstreit ganz und gar in Beziehung (Liebe) umzuwandeln, bringt diese unsere Kreativität erst in rechter Weise zum Brennen. Dies brennende Bewusstseinslicht aus überwundenem Widerstreit ist die beziehungsstiftende Kraft, die das Leben des „ich“ ist – und der zweite, erst von uns aktiv zu erwerbende Naturzustand unserer Begabung mit „Seele“. Dieser allerheimlichste Feuerofen in uns ist der lebendige Kern der Person, die Mitte des „ich“, der immerwährende Ursprung der Erneuerung und die allersubjektivste Quelle, aus der wir Einsicht, Wahrhaftigkeit und Hoffnung trinken.

Von der Bedeutung des Mythos

Von dieser lebensnotwendigen „feurigen Mitte“ in uns und von unserem Umgang damit erzählen die Mythen:

Alles Lebendige braucht eine Wachstumsordnung – auch das immaterielle „seelische Leben“, mit dem wir begabt sind.

Die Mythen der Menschheit sind traumartige Ordnungsbilder aus dem gestalthaften Bilderdenken der wachsenden „Innerlichkeit", geschaute Strukturentwürfe über „richtig" und „falsch" der immateriellen Entwicklungsbewegung, in der sich das „innere Leben" entfaltet. Die Mythen enthalten sozusagen „die Embryologie des inneren Menschen" und auch die Abbildung seiner möglichen Missbildungen. Es sind ganzheitliche „anschauliche" Vorentwürfe dessen, was „noch nicht fertig ist". In ihnen wird vor „den Augen der Seele" sichtbar, was außen noch nicht in Materie eingekleidet („noch nicht verwirklicht") und deshalb für die äußeren Augen ganz unsichtbar ist. Wie die nächtlichen Träume des Einzelnen zu ihm von seinem höchst persönlichen Werden reden, so reden die Mythen zu uns allen vom Werden des Menschen ganz allgemein.

Alle Mythen der Menschheit rund um die Erde haben das gleiche Thema: die Entstehung der „inneren-Welt-in-der-Welt" und des „inneren-Menschen-im-Menschen", und das mögliche Schicksal von beiden auf diesem Wachstumsweg, also das Gelingen oder das Scheitern ihrer „Verwirklichung" in der äußeren Welt. Deshalb ist ein mythisches Zentralthema das SCHEITERN und der SIEG.

Grundsätzlich erzählen die Mythen davon auf zwei verschiedenen Ebenen und unter zwei verschiedenen Perspektiven: Auf der „religiösen" Ebene erzählen sie aus der kreativen Perspektive des Ganzen vom Schicksal des Ganzen; auf der „heldischen" Ebene erzählen sie aus der Selbstbehauptungsperspektive des Ich vom Wollen und Nicht-Wollen des Ich.

Zur religiösen Ebene gehören wesentlich die EHRFURCHT und die WANDLUNG. Da wird das *Scheitern in den Sieg aufgenommen,* indem etwas Neues entsteht. Denn aus der kreativen Perspektive des Ganzen ist „Sieg" immer ein Wachstumsschritt des Lebendigen und ein schöpferischer Wandel seiner Struktur auf zukünftige Entwicklung zu.

Zur heldischen Ebene gehört wesentlich die ÜBERLEGENHEIT und die DURCHSETZUNG. Da muss das Scheitern (offenbar oder verborgen) im Sieg anwesend bleiben, weil das Siegen ohne Wand-

lung immer nur „auf Zeit“ gelingen kann. Das heißt, ohne die „religiöse Ebene“ (ohne die Wandlung und ohne die Ehrfurcht) muss das Schicksal des überlegenen Helden immer ein „tragisches“ bleiben, weil ihn das Scheitern irgendwann einholen muss.
Beide Ebenen gehören notwendig zusammen und müssen einander durchdringen, damit Leben lebendig bleiben kann. Denn wo „nur Ehrfurcht“ wäre und gar kein „Heldentum“, bleibt der Ich-Wille passiv. Da kann dann kein SIEG DURCH WANDLUNG errungen werden. So muss alles beim Alten bleiben und wird nichts „neu“. Aber umgekehrt ist es genauso: Wo „nur Heldentum“ ist und gar keine „Ehrfurcht“, geschieht ebenfalls keine Wandlung: da führt das unvermeidliche Scheitern im Steckenbleiben trotz aller Siege zum Untergang.
Das (für meine Augen) überaus Merkwürdige, Trostreiche und Geheimnisvolle dabei ist, dass alle unverfälschten Strukturentwürfe des Unbewussten (alle „echten Mythen“) den Umriss des GANZEN abbilden – sogar gänzlich „ehrfurchtslose Heldenmythen“ ohne alle Wandlung enthalten (vielleicht ganz am Rand) mitten in der Negativität ihrer Erzählfiguren das winzige (winzigste) verborgene Siegel des Ganzen als unverlierbare Spur des Auswegs aus dem Steckenbleiben (und damit aus dem Untergang). In der Siegfried-Sage ist dieses allerwinzigste Siegel die „verwundbare Stelle zwischen den Schultern“. Ich hoffe, das am Beispiel deutlich zu machen.

Hier soll es also um „Siegfrieds Hornhaut“ gehen.
Das Nibelungenlied, von dem ich hier erzählen will, ist „heldisch“ und nicht „religiös“. Es ist *nur* heldisch. Wo es ferne Erinnerung an nordische „alte Götter“ streift, ist Ehrfurcht nicht lebendig und der einzige christliche Priester, der darin vorkommt, wird kurzerhand über Bord geworfen. Es berichtet aus der triumphalen Perspektive des „nur heldischen“ Ich vom Ausbleiben einer lebensfreundlichen Wandlung und von dem Untergang, der daraus folgen muss:

In einer radikalen Aktions-Sprache erzählt es die radikale Geschichte einer radikalen Zerstörung. Am Schluss bleibt nichts übrig: von allem, was darin vorkam, von dieser ganzen weiten Lebenslandschaft, von allen Menschen und Dingen darin nichts als einzig die Kunde davon, welches Gemetzel und welche radikale Vernichtung hier stattgefunden hat.

Sie kennen wohl die Geschichte, wie Siegfrieds Hornhaut entstand: Der ungestüme Heldensohn „Jung-Siegfried" ist in seiner Kraft nicht zu bändigen. Er hat kein Maß dafür. So wird er zu dem finsteren Schmied Mimir gebracht, der ihn zähmen und erziehen soll. Schmackhaft gemacht wird das dem Knaben mit dem verlockenden Versprechen, dass er dort lernen werde, sich ein gutes Schwert zu schmieden. Aber als der Schmied begreift, dass er dieser ungezügelten Kraft nicht überlegen zu sein vermag, versucht er seinen Zögling zu beseitigen, indem er ihn heimtückisch betrügt. Er schickt den jungen Helden in den Wald, angeblich, damit er sich dort „ein gutes (soll heißen: ‚ein taugliches') Feuer" hole, in Wirklichkeit aber, damit ihn dort der Drache fresse. Aber der „heldische Knabe", statt ahnungslos in seinen Untergang zu rennen, entdeckt unterwegs die Drachenbrut in einem Tümpel. Er holt sich „das gute Feuer" vom Köhler und entfacht damit um den Tümpel einen gewaltigen Brand, bis aus dem Drachengewürm darin das flüssige Drachenfett in Strömen davonrinnt. Er taucht seinen Finger hinein und sieht, dass der sich mit Hornhaut überzieht. „Das ist gut für den Kampf", denkt er sich, reißt sich die Kleider vom Leib und badet sich ganz darin, so dass sich sein ganzer Leib mit Hornhaut überzieht und unverwundbar wird – bis auf die berühmte Stelle zwischen den Schultern, auf die vom Baum herunter das Lindenblatt fiel. Dort bleibt er verletzlich. Dort wird ihn später der Speer des Mörders durchbohren.

Aber zunächst ist er siegreich in jeder Hinsicht: Nachdem er den Drachen erlegt hat, kehrt er heim und beschließt bei sich selbst, fortan gesittet zu werden und aus freien Stücken lieb zu sein. Er fügt sich ins Zusammenleben und zieht in die Welt auf Helden-

fahrt. Er überwindet den Schätze hütenden Zwerg, er erobert von ihm den Nibelungenhort und die Tarnkappe, er verschmäht die streitbare Brunhilde und gewinnt die sanfte Kriemhild zur Frau. Für seine Genossen gewinnt er Schlachten durch seine Kraft und Unverwundbarkeit, für seinen Schwager gewinnt er die stolze Brunhilde durch die List mit der Tarnkappe. Überhaupt ist er so „heldenhaft" und arglos in seinem Wesen wie ein Dreijähriger – auch so „kritiklos": Er scheint blind für die Wechselwirkung zwischen den Menschen, blind für das „innere Leben", sowohl für das der anderen wie für das eigene. Genau besehen *lebt er beziehungslos* in der Glückshaut seiner „heldischen Gesittung", die mehr ein heroischer Bravheitsakt als das Ergebnis von Auseinandersetzung, tieferer Einsicht und wachsender Menschlichkeit ist.
Denn Siegfried ist ein Held ohne „Wachstum nach innen".

Das Nibelungenlied stammt aus dem nordischen Mythenkreis. Verglichen mit anderen Menschheitsmythen ist diese nordische Götter- und Heldenwelt ein spätes Gebilde, erst im 13. Jahrhundert unserer Zeitrechnung als deutlicher Erzählkreis überliefert.
Das (zumindest für meine Augen) ganz überaus Merkwürdige daran ist die Intensität und Ausschließlichkeit, mit der darin der HASS als die zentrale und zentrierende Kraft erscheint: Diese Helden und Recken sind skrupellos. Ihr Heldentum scheint „Seele" im oben geschilderten beziehungskreativen Sinn nicht zu kennen. Sie sind Mörder von Natur und benützen gemeine Niedertracht mit Inbrunst. Sie töten rücksichtslos und auf grausamste Weise, bis sie selber genauso rücksichtslos mit List und Grausamkeit getötet werden. Das ist ihre Kraft und gereicht ihnen zum Ruhm. Und erst ihre Frauen! Die tragen die unversöhnliche Rachsucht wie königlichen Schmuck. Beispielhaft ist die Frau und Königin, die ein ganzes Leben lang an der Seite ihres Herrn und Gatten nur auf die Stunde gewartet hat, wo sie diesem ewig gehassten Gefährten die Leichen der gemeinsamen Kinder mit Hohngelächter

vor die Füße werfen kann. Die antike „Medea“ ist, damit verglichen, unendlich „menschlich“, denn ihr Beweggrund ist Schmerz, ihr Hassen ist heiß und der verratenen Liebe immer noch nahe. Der Hass dieser nordischen Heldinnen dagegen ist gefrorene Wut, eiskalt und steinhart. Der Stachel der Demütigung in ihrem Stolz scheint sie viel schärfer zu schmerzen als die Wunde verlorener Liebe in ihrem Herzen. Da ihre „Trauer“ nicht wirklich „betrauert“, sondern „behasst“ und unauslöschliche Rache brütet, kann auch kein „rechtes Begraben“ Versöhnung bringen. Es kann ihre Vereisung nicht „schmelzen“ und sich zu Menschlichkeit wandeln. Wenn über diese wutkalte innere Gletscherwelt ein „Tauwetter“ käme, bliebe nichts übrig als Wasser (kein „ich“).

„Überaus merkwürdig“ erscheint mir dies alles deshalb, weil sich darin nicht etwa „Bosheit“ oder „Schlechtigkeit“ spiegelt. Beides würde, zumindest als verschwiegenen Gegensatz, „Güte“ und „Rechtschaffenheit“ im Sinn „seelischer Tiefe und Menschlichkeit“ voraussetzen. Hier gibt es aber keinen solchen Gegensatz: weder „verschwiegen“ noch ausdrücklich. Hier ist es wie selbstverständlich der Hass, der die Identität begründet, ohne jede Alternative nur er. Es scheint in dieser „nordischen“ Denkwelt nur dieses eine, vom Hass zentrierte Menschenbild zu geben: Mensch ohne Liebe. Es entwirft sich so das befremdliche Modell eines *seelenlosen Menschen,* sozusagen eines „intelligenten Menschentieres“, das weder gut noch böse genannt werden kann, weil es „ahuman“ (nicht-menschlich) ist.
Wie seltsam passt dazu, dass sich der Nationalsozialismus diesen Mythenkreis als Überbau für seine Ideologie der systematischen Entmenschlichung gewählt hat!
Nicht nur die Heldensagen, auch die zugehörigen nordischen Göttermythen berichten nichts wesentlich anderes. So ist es nur konsequent, dass sie in der „Götterdämmerung“ alles zugrunde gehen lassen: Die entfesselten Ungeheuer der Tiefe und das Feuer zerstören alle Form. Der Fenriswolf verschlingt die Sonne. Fins-

ternis breitet sich über den Untergang: das ist „fehlende Auferstehung“ *(fehlende Wandlung).*

Es gibt ja viele grausame Mythen rund um die Erde; aber mir scheint, dieser nordische hier ist von ganz anderer Art. Er ist nicht wirklich „archaisch“, nicht „früh“. Was er erzählt, klingt ausgesprochen „ich“-haft und bewusstseinswach, so als ginge es da nicht um den natürlichen *Anfang* der Menschwerdung, um den Anfang des „ich“ und um die Dumpfheit seines mühevollen Erwachens, sondern als ginge es um seine widernatürliche Zerrform, um die späte Endstation seiner Fehlentwicklung. Denn dieser „späte“ Mythos scheint blitzend von „Ichstärke“, aber einer verkehrten. Er berichtet vom „hypertrophischen Ich“ und seiner Weigerung, „Seele“ zu haben, vom lebensunmöglichen Irrweg der schrankenlosen Selbstbehauptung und der spurlos beseitigten „Verletzlichkeit“, die „spurlos beseitigten GEIST“ zur Folge hat. Er erzählt, wie der Wutwolf in dieser liebeleeren Rachewelt voller unüberbrückter Spaltungen die Bewusstseinssonne verschlingt und so „Göttern und Menschen“ ein Finsternis-Ende durch Abbruch aller Beziehung bereitet.

Weil aber Mythen auf der religiösen Ebene aus der Perspektive des Ganzen vom Ganzen berichten, erscheint die „beseitigte Verletzlichkeit“ ganz am Rand des Göttermythos doch: Seltsam erscheint die Schmerztiefe der lebendigen Trauer im Gegenbild ihres Fehlens (weil sie ja unverlierbar zum Menschen gehört und höchstens „mit Hornhaut bedeckt“, aber nicht wirklich „fehlend sein“ kann):

Odin, der Göttervater, ahnt das bevorstehende Unheil voraus. Als Wanderer verkleidet, unter falschem Namen, beschwört er das Totenreich, um der längst verstorbenen Wala verbotene Kunde zu entlocken, ob es jenseits des Untergangs noch etwas geben wird. Da stellt er ihr die Frage: „Wer ist das Weib, das weinen nicht will –?“ Denn die Trauer *aller* Wesen um den verlorenen Baldur wäre der Kaufpreis für seine Auferstehung, für das LEBEN.

Odin, der einäugige Gott, fragt nach der Weigerung, die diese ganze titanische Ungeist-Welt von der Wandlungskraft der Trauer abgeschnitten hat. Er bekommt keine direkte Antwort; aber an dieser Frage wird er erkannt, als einer, der mehr weiß: „Nicht Wegtam bist du – Odin bist du, der Allerhalter". Und er gibt zur Antwort: „Nicht Wala bist du, allwissendes Weib, du bist fürwahr die Mutter der Nornen". Es sind die obersten, letzten Hintergrunds-Instanzen – nur sie! –, die um die tödliche Kraft dieser Weigerung wissen.
Es wäre „das vollständige Weinen", d. h. die rückhaltlose Einwilligung in die volle und ungemilderte „Verletzlichkeit", aus der die „Überwindung", die Wandlung zum Leben kommen könnte. Aber im nordischen Mythos gibt stattdessen „die Verstockung" den Ton an. ÜBERWINDUNG (des Grollens), VERGEBUNG (der Kränkung), ERLÖSUNG (vom Hass) wird nicht Zentralthema, sondern bleibt kraftlose Randfigur. Und von wirklicher EHRFURCHT ist überhaupt nie die Rede, weder unter den Göttern noch zwischen den Menschen. „Religion" ist da nicht.
Der geographische Schauplatz „Island" in seiner unzugänglichen Isolation ist eine ausdrucksvoll passende Hintergrundslandschaft dafür. Diese Insel mit ihren krassen Extremen von Feuer und Eis scheint wie geschaffen, als „äußeres Gleichnis" für das unversöhnte Nebeneinander äußerster Ambivalenz ohne Überwindung zu dienen: *fehlende Integration.*

Mit solchen „Nordland"-Gefilden also ist das Nibelungenlied innig verknüpft, obwohl es in der gemäßigten Landschaft zwischen Rhein und Donau spielt (sozusagen in „Alltagsgefilden"). Hier spielt sich das ganze lange Drama ab, bis am Ende in einem Strom von Blut und unter Leichenbergen der letzte Funken Leben erloschen ist. „Das Weib, das weinen nicht will", ist die treibende Kraft: Denn auf der heldischen Ebene gehört zu Siegfrieds Hornhaut als Gegenstück die Gefühllosigkeit Kriemhilds, der ehemals Sanften. Eindrucksvoll bleibt ihr „Liebesleid" ohne Liebe: Ihre

Rachgier gilt ihr mehr als ihr Söhnchen aus zweiter Ehe, sie denkt nicht daran, es zu schützen. Und bedenkenlos opfert sie auch ihre Brüder, um womöglich das Versteck des verlorenen Nibelungenschatzes doch noch zu erfahren (natürlich erfolglos!). Mit dem Untergang ihres gepanzerten Helden erweist es sich, dass die schier überzarte „Empfindsamkeit" ihres Anfangs mit *Beziehungswachheit, Gefühlstiefe* und *Herzenswärme* überhaupt nichts zu tun hat: diese ganze viel gerühmte „Sanftheit" ist nur eine Spalt-Hälfte und kippt unter Belastung ungebremst in ihr Gegenteil um.
Denn das Nibelungenlied erzählt die Geschichte der ausbleibenden Integration, die Geschichte der wachsenden Verbitterung in einer hassenden Seele.

Mythen sind geschaute Ordnungsbilder des „inneren-Menschen-im-Menschen":
Als Innenbild gelesen, ist das Nibelungenlied der Heldenmythos vom *Fehlen der Liebe*, und deshalb vom *Fehlen der Überwindung.* Es ist die tragische Geschichte vom frühen Ich-Tod als Folge allerfrühester Beschädigung seiner „Verletzlichkeit". Denn wenn die lebendige, „ungeschützte" Gefühlstiefe als „der Schmelzofen" fehlt, werden die lebensnotwendigen Wachstumsschritte der „Überwindung" unüberwindlich zu schwer. Die verletzliche, hoffnungsförmige, beziehungskreative Mitte der Person („ich") geht unter dem Ansturm von enttäuschenden, kränkenden Gegenkräften (Verbitterung, Resignation, Hass) zugrunde. Dann ist „niemand mehr da", der *Integration* der widerstreitenden Gefühle und Impulse leisten könnte: Der „innere Mensch" wächst nicht. Die unausbleibliche Folge ist der langsam fortschreitende Zerfall der seelisch-geistigen Organisation.
Als psychisches Geschehen ließe sich das etwa so übersetzen: Die „äußere Panzerung" durch „das Bad im Drachenfett" drückt einen Rückzug aus der Beziehungswelt aus, eine „dickfellige Unempfindlichkeit" zum Schutz gegen Schmerzen. Wo wir in unserer lebendigen „Verletzlichkeit" unmittelbar getroffen werden, „blutet

das fleischerne Herz“. Aber „Fett“ ist nicht „Blut“, Fett ist „Isolierschicht“ und „Reservepolster.“ Fett „reagiert nicht (mehr) unmittelbar“.

Die Sage von der Kindheit „Jung-Siegfrieds“ erzählt, im mythischen Umriss verborgen, von einer Fehlentwicklung. Klein und privat im Kinderzimmer betrachtet, könnte das so aussehen: Da ist überschießender Eigenwille eines schwer erreichbaren Kindes. Es scheint nicht in der offenen und guten Wechselwirkung einer liebevollen, dialogischen Eltern-Kind-Beziehung zutraulich und gebunden zu sein: dies Kind „kann nicht Maß nehmen“. Warum nicht? Es gebärdet sich „autistisch“ in seiner Wildheit. Wie kam es dazu? Darüber schweigt die Erzählung sich aus.

Weiter geht es dann mit der verständnislosen Ratlosigkeit der Erwachsenen: „Das gerät nicht!“, sagt der Vater, „Das gerät nicht!“, sagt auch der Schmied. Was sagt die Mutter? Offenbar gar nichts. Sie scheint vorwurfsvoll stumm. Vielleicht ist ja dies das Schlimmste von allem!

Es sieht so aus, als sei da ein allerinnerster Anfang von „dialogischer Beziehung“ (zu Menschen, zu Dingen, „zur Welt“) misslungen: Erkennen und Erkanntwerden findet nicht statt. Warum? Auf jeden Fall agiert dieses Kind wie ohne rechten Bezug zu Sachen und Menschen. Und offenbar „lernt es nichts“ – da nicht genug offene und „wertschätzende“ Wechselbeziehung da ist, kommt jede Unterweisung als Rüge an. „Sich ändern zu sollen“ versteht es als Übergriff und wie „gegen sich gerichtet“. Es hört nur Tadel, kein Wachstumsangebot. Alle Erziehungsversuche prallen wie Angriffe ab, weil alles, was nicht grenzenlose Zustimmung ist, als Verstoßung, als Vorwurf und Bestrafung erlebt wird. Ein solches Kind wäre wahrhaftig „bei einem ränkevollen Schmied in die Lehre gegeben“, weil in ihm ständige Abwehr aufkeimen müsste, noch bevor es richtig reden kann. Da die vermittelnde und versöhnende Beziehung (Liebe) als Schutzraum der Verwandlung fehlt, macht die Notwendigkeit, sich zu ändern – zu lernen und sich anzupassen (Überwindung) –, nicht Wachstums-

Lust, sondern Ärger. Deshalb gerät der Umgang mit andern zu einer endlosen Kette von Kränkungen. Stillschweigend füllt sich das Herz mit Misstrauen: „Wer folgt, wird um das Eigene betrogen. ‚Tu's mir zuliebe', ist ein fauler Trick. Man wird herausgelockt und hereingelegt – und dann tut's weh!"
Leider gibt es solche Entwicklung tatsächlich: dass nämlich schon ganz früh die zentrale „ich"-Aktivität des „Liebhabens" erstickt ist/erstickt wird, sodass sie gar nicht erst zu ihrer kreativen, beziehungsschöpferischen Eigenständigkeit aufwachen kann. Deshalb bleibt das „Ich" des Kindes auf einer vorsprachlichen, tief unbewussten Ebene inaktiv, unbeweglich, abwartend, misstrauisch, immer rückzugsbereit. Sein „tiefster Wille" ist nicht EIFER, sondern TRÄGHEIT: Als sei es „zu mühsam", lebendig zu sein, vermeidet es, „Anteil zu nehmen", als wollte eine zähe, schwere Gleichgültigkeit in seiner Tiefe nur „Ruhe haben" (kein Feuerofen).
Vielleicht ist das ja, was Sigmund Freud „Todestrieb" nannte?
Warum geschieht so etwas?
Auf der „psychotherapeutischen Ebene" entspricht es wohl einer schweren, frühesten, vorsprachlichen „narzisstischen Kränkung". So geschieht es z. B. manchmal Kindern, die früh ein Geschwister bekommen und von den Eltern in ihrer Verunsicherung und Eifersucht nicht wirksam aufgefangen werden können. Die gutwillige Arglosigkeit des Kleinkindes „weiß" ja doch nichts davon, wie abgründig tief im Dunkeln, „im Waldtümpel", sich in ihm Neidgewürm und Vorwurf ringeln. Wenn es dann größer wird, und sich das „gute Feuer des eigenen Willens" holt, ist die innere Katastrophe der Spaltung längst geschehen: Dieser eigene Wille ist im Kern vergiftet mit Vorbehalt, gespalten durch Misstrauen, auf Rückzug und Abwehr eingestellt und zur Schmerzvermeidung „mit Hornhaut gepanzert". So wachsen ihm vielleicht allerlei „heldische" Kräfte der Willkür, aber keine „Ehrfurchtskräfte" der Gegenüberbeziehung (Liebe). Es wächst so ein „unbezogenes Ich", für das der andere heimlich und mit größter Selbstverständlichkeit ein allezeit möglicher Feind bleibt. Ein solches Ich kann sich

nicht wandeln, weil ihm der wesentliche Hebel fehlt: die Gegenüber-Qualität Liebe, aus der die Spannkraft zur schöpferischen Überwindung kommt (von Ambivalenz, von Negativität, von Distanz). Deshalb kann es nur „lieb sein", aber nicht „lieben", es kann vertrauensselig sein, aber nicht aktiv „Vertrauen fassen". Wie „Siegfried" stürzt es sich bedenkenlos in allerlei Schlachten, aber ein wirkliches eigenes Ziel hat es nicht. Denn seine „Panzerung nach außen" trennt es von seinen wirklichen Wünschen ganz innen, weil diese nur in der Tiefe der offenen „Verletzlichkeit" gefunden würden *(der Schatz).* Wie eine „Tarnkappe" trägt es deshalb die Uneigentlichkeit seines gepanzerten Lebens und kann sie nicht ablegen – immer „unsichtbar neben sich selber", nie wirklich „bei sich".

Ein solcher „Siegfried" lebt sein „heldisches Bravsein" wie ahnungslos unmittelbar neben der (eigenen) Wut, über Rivalität, Neid, Groll und Kränkung hinweg. Er merkt nichts davon, denn was „Beziehung" ist, weiß er nicht und kann es auch nicht erfahren, weil in ihm der unbewusste „Selbstschutz" vor aller Kontaktaufnahme liegt: so kann er immer nur lernen, was seine Offenheit *nicht wirklich vermehrt.* Dass er den inneren Kampf mit sich selbst, um die Überwindung der Wut und um die Auflösung von Groll, Misstrauen, Geltungsbedürfnis, Neid und Kränkung auf sich nehmen müsste, um tiefer („ungeschützter") in Beziehung zu anderen Menschen und auch zu sich selber zu treten, kann ihm so gar nicht in den Sinn kommen. Deshalb muss ihn im Lauf der Zeit die finstere Spaltungskraft seiner nicht überwundenen Kränkungswut endlich zu Fall bringen, genau durch die Stelle zwischen den Schultern, die seine einzige verbliebene Verwundbarkeit ist: dass er sich nämlich nicht „wirklich verwandeln" und nicht „nach innen wachsen kann". (Genau dort, wo der Leben erneuernde „Trunk aus der Quelle" fällig würde, durchbohrt ihn „der finstere Hagen" hinterrücks, dort, „wo das Kreuz ist".) So etwa ließe sich „psychologisierend" von Siegfrieds Hornhaut erzählen.

Aber da der nordische Heldenmythos davon in allgemein gülti-

gen, kollektiven Bildern erzählt, muss dies alles mehr sein als nur ein persönlicher Unfall in einer privaten Biographie.
Die Geschichte des Dritten Reiches (und andere, ähnliche politische Entwicklungen in anderen Ländern) lehren, dass ganze Volksgruppen quer durch die Altersstufen „in Drachenfett gebadet“ sein können, d. h. derartig mit Unempfindlichkeit gepanzert, dass Unmenschliches mit größter Selbstverständlichkeit getan, gesehen und geduldet wird. Der Mythos vom „intelligenten Menschentier“ ist leider ziemlich realistisch.
Wenn Mythen Ordnungsbilder vom Sein und Werden des „inneren-Menschen-im-Menschen“ sind, dann muss das Vorhandensein eines solchen Anti-Mythos vom „Nicht-Sein-des-inneren-Menschen“ eine wichtige Information über das Misslingen enthalten.

Ich denke, es ist wichtig zu begreifen, dass „Siegfried“ nicht erst als Erwachsener, beim Trunk an der Quelle, vom Speer des Mörders getroffen wird. Vielmehr ist diese zweite, tödliche Verletzung bereits Folge und unvermeidliches Ergebnis einer viel früheren ersten. Denn der „Hornhautzustand“ der menschlichen Seele ist nichts Natürliches. Ihm liegt eine erste, früheste Verletzung zu Grunde, die offenbar so lautlos verborgen geschieht, dass sie nicht als Verletzung erkannt wird.
Die „Siegfried-Verletzung“ der Seele scheint ein unsichtbarer Bruch im Vertrauen zu sein, so früh, so tief, so vor allen anderen Entwicklungsschritten, dass das *Fehlen des Vertrauens* zur selbstverständlichen Grundlage aller Beziehungen wird. Das geschieht ganz undramatisch: Da war ja nie offener Krieg, da wurde nicht Vertrauen, das schon gefasst war, „aufgekündigt“ oder „wieder entzogen“, sondern stillschweigend „kam es schon abhanden“, noch bevor es deutlich „ichhaft gefasst“ werden konnte. So wird auch nicht sichtbar, dass das ein Defektzustand ist.
Zur Zeit herrscht eine mächtige Tendenz, diesen Defektzustand zur Norm zu erklären: Zur Zeit gilt es weitgehend als „realistisch“,

eine solche „Siegfried-Beziehung zur Welt“ für die natürliche menschliche Verfassung zu halten. („Was soll das sein – Seele?“)

Von „Norden“ und „Mitternacht“

Nun gibt es aber in unserem abendländischen Umkreis noch einen anderen Mythos, der sehr viel älter ist als dieser nordische. Es ist der prägende Zentralmythos der westlichen Welt: Seit rund 3500 Jahren berichten die biblischen Texte vom „Entwicklungsschicksal der Verletzlichkeit“ und von der wandlungskräftigen Kreativität, die aus ihr frei wird. In einer Intensität, die vom Alten bis ins Neue Testament ständig zunimmt und deutlicher wird, kreisen die Texte der Bibel um das „fleischerne Herz“, das lebendig macht. Wie müsste uns also aufhorchen lassen, dass dort gesagt wird: „Lasst die Kinder zu mir kommen und wehrt ihnen nicht.“ („Keine Hornhaut“ ist Voraussetzung für alles Weitere!) Das klingt so, als sei sehr viel Achtsamkeit nötig, damit wir „den Kindern nicht wehren“ – vielleicht noch viel mehr, als wir uns bis jetzt vorstellen können.

Ich kann hier nur streifen, wie merkwürdig dicht und aussagekräftig sich mythische Themen beider Bilderkreise gegenüberstehen: „Einäugigkeit“, „Blendung“ und „Blindheit“ z. B., oder das „Trinken aus der Quelle, aus dem Brunnen, aus dem Bach“, oder „der Schatz“ und sein Verschwinden. Wie ein dunkles Spiegelbild steht der „nordische“ Mythos diesem viel älteren Bilderkanon gegenüber. Und tatsächlich drückt ja auch der eine das exakte Gegenteil vom andern aus: In der Bibel geht es deutlich um „wachsende Verletzlichkeit“, um das Ablegen aller Panzerungen („Herzenshärtigkeiten“), um die „Ungeschütztheit“, die von innen „lebendig macht“.

Kernthema ist die intensive und positive Doppelbeziehung zugleich nach „innen“ *(Geist)* und nach außen *(Welt/Menschen)*.

„Das Kind“ in der Weihnachtsgeschichte ist ausdrucksvoller Inbegriff der „schutzlosen Lebendigkeit“ zwischen beiden Ebenen (Himmel/Seele/Geist und Erde/Körper/Außenwelt): Es ist bildhafte Darstellung ihrer schöpferisch verwandelnden Beziehungs-Kraft.

Es gibt in den biblischen Texten zahlreiche Stellen, die von der Tiefe des Fühlens handeln, von der Vollständigkeit des „Betrauerns“, aus der das „rechte Begraben“ kommt, und von der vorbehaltlosen „Beweinung“.

Begegnung, Beziehung, Überwindung, Vergebung und Wandlung sind zentrale Themen. Sie allesamt sind in der Ehrfurcht gebündelt: denn die Ehrfurcht selber ist „Dialog mit dem Geist“.

In der Verheißung vom Sonnenaufgang und vom Licht in der Finsternis ist sozusagen schon von vornherein die Antwort gegeben auf Odins späte Frage, was nach der „Götterdämmerung“ kommen kann: die Wiederkehr einer gewandelten (Bewusstseins-) Sonne.

Denn das LAMM steht als das Bild der bewahrten Kontinuität in der Zeit, als das Symbol der kreativen Vermittlung zwischen ENDE und ANFANG: Es ist Träger des ununterbrochenen Lebensstromes inmitten der untergangserfüllten Wandlungsübergänge, indem es den Untergang (des Bisherigen) in sich hineinnimmt und aus ihm „die Zerstörung“ wegneutralisiert. So kann „in der Wandlung“ das bleibende Leben bis zu seiner „Wiederkehr“ in einer nächsten, größeren Form „aufgehoben“ („bewahrt“ und „erhöht“) werden, weil die Vernichtung, die in diesem Wandlungsprozess unvermeidlich enthalten ist, dadurch „aufgehoben“ („weggenommen“) wird. Deshalb ist, war und bleibt dies „Überwindungsopfer aus vorbehaltloser Einwilligung“ (Lamm) die Quelle von wachsender lebendiger Ordnung. Weil alle Entwicklungsstufen der Evolution, vom „Anfang der Welt“ bis zu uns her, in solchem Bewahren des Bleibenden inmitten des Untergangs ermöglicht sind, gehört ihm (dem Lamm) „immer schon“, was nun erst entstehen soll: das REICH (aus lebendigen, „ich“-haft gefassten Beziehungen zwischen Mensch-Welt-und-Menschen).

Der Tod des gepanzerten Siegfried ist dazu das exakte Gegenbild: das frühe und unwiderrufliche Absterben des beziehungsunfähigen Kernstücks („ich") aus einem langsam zerfallenden (psychischen) „Reich", von dem nichts bleibt als die Erinnerung an seine Zerstörung.
Im nordischen Göttermythos ist zwar auch von neuer Welt und neuem Licht und neuem Leben die Rede, aber ganz anders als in der Bibel: Ohne Überwindung soll da, nach vollendeter Zerstörung des Bestehenden (also ohne seine Wandlung), ein märchenhafter Neubeginn „aus seinem Versteck" (im Baum) hervortreten. Das ist wie geschichtsloser Übersprung in einen ahnungslosen, paradiesischen Anfang ohne Entwicklungsbeziehung zur Vergangenheit. Das ausdrückliche Fehlen der Kontinuität, der offene Bruch in der ZEIT, stempelt diesen Übersprung als phantastisch und illusionär („Wunschdenken" statt „Überwindung").

Wenn es wahr ist, dass alle Mythen der Menschheit zusammengehören und miteinander das gewaltige Hintergrundabbild des werdenden „inneren-Menschen-im-Menschen" und der „geistigen-Welt-in-der-Welt" darstellen, dann erscheint es als erschütternd merkwürdig, dass in den Texten der Bibel vom großen Widersacher gesagt wird, er „komme von Norden" – und vom Messias, er komme „von Mitternacht (und vom Aufgang der Sonne)". Man könnte das lesen, als sei es nahezu das Gleiche, denn „Mitternacht" kann für „Norden" stehen wie „Sonnenuntergang" für „Westen".
In der Doppelheit dieser beiden Ausdrücke steckt der Unterschied zwischen „Siegfrieds Heldentod" (Untergang ohne Wandlung) und dem kreativen „Tod des Lammes" (Untergang unter Bewahrung und Vermehrung des Lebens):
„Norden" ist ein geographischer Begriff, nur geographisch. Er gehört zur „physikalischen Erdoberfläche" (ohne „Wachstum nach innen", ohne „Vergeistigung").
„Mitternacht" kann zwar ebenso geographisch verstanden werden, greift aber viel weiter: Es ist eine Himmelsrichtung und ein

Zeitbegriff und ein Seelenbild vom Unbewussten. „Mitternacht“ enthält die geographische Erde in ihrer Zeit, zusammen mit der Entwicklungsdynamik zwischen zwei Tagen, und zusammen mit der seelischen (intuitiven) Innendimension von Schlaf, Traum, Vision und Erneuerung. Es ist deshalb ein fundamentaler Unterschied, ob eine Entwicklungsdynamik „von Norden“ oder „von Mitternacht“ kommt: Der Sturm von Norden verwüstet, indem er nichts Neues bringt, der GEIST-Sturm „von Mitternacht“ macht „alles neu“, indem er das Alte zu tieferer Bedeutung entfaltet („Wachstum“: innen im Konkreten geht Geist auf). Mir scheint, es drückt sich im Erscheinen des „nordischen Mythos“ im 13. Jahrhundert unserer Zeitrechnung eine Gewalt aus, die erst noch von uns verstanden sein muss: eine mächtige Gegenbewegung gegen die lebensnotwendige, Leben tragende „Entwicklung-des-Menschen-nach-innen“ (Geist). Mit seinen glorifizierenden Bildern von hassendem Heldentum trat dieser Mythos hervor, wie eine „menschheitliche Täuschung“ in großem Stil, eine „mythische Täuschung“, die das Fassungsvermögen und die Unterscheidungskraft des Einzelnen weit übersteigt.

Vielleicht sollte man auch sorgfältig prüfen, ob dieser „nordische Mythos“ in der uns überlieferten Form nicht überhaupt eine Art „ungeschichtlicher Kunst-Mythos“ ist, also nicht wirklich „eine Religion“ aus dem „Geist, der lebendig macht“, die im gemeinsamen „mythischen Hintergrund nordischer Völker“ die Ehrfurcht durch Jahrhunderte getragen hätte, sondern eine augenblickshafte Eingebung aus dem „Geist der Spaltung“. Vielleicht ist dieses ganze Abbild von „Götterwelt“ eigentlich die Bildgestalt des Vertrauensverlustes, in Phantasie und Verstand eines tief verletzten Menschen zu „mythischem Umriss“ geronnen: aus vorhandenen Bruchstücken so zu einem „erfundenen“ Umriss ergänzt, „als lebte da Religion“. Geschichtslos wie eine Wahnidee hervorgetreten, sieht dies Gebilde nun so aus, „als wäre es uralt“.

Denn der Verdacht drängt sich auf, dass die Form, in der uns diese „nordische Götterwelt“ überliefert ist, eigentlich eine Art „Ge-

gen- und Umkehrungsmythos“ aus Widerspruch ist: Die raunende Drapierung mit „Vorzeit“ verschleiert sorgsam, dass da nicht eigenständige „Aussage vom Werden des Geistes“ ist, sondern „zornige Gegenrede von der Verachtung alles Geistigen“: eine „Antirede vom Nicht-Sein der Seele“, die gegen die biblische „Rede von der *Integration* des Wesens“ gerichtet ist.
Aber selbst wenn es so wäre, würde das solchem „Widersacher von Norden“ nichts von seiner mythischen Würde nehmen: Das träumend geschaute, visionäre Abbild der Fehlentwicklung ist nichts „Kleines“ oder „Banales“, das wir gering schätzen dürften. Im Gegenteil: der Negativ-Mythos vom Ausbleiben des inneren Lebens enthält unschätzbare Information über das *Wesentliche* und sein *Misslingen*.

Die Stelle zwischen den Schultern

Weil also der Heldenmythos nur vom Ich und aus der Perspektive des Ich erzählt, kommt die Frage nach der heilenden Tiefe der Trauer im Nibelungenlied nicht vor. Ihr Fehlen ist nur vertreten durch das „Lindenblatt“ auf der Stelle zwischen den Schultern. Das „abgefallene Blatt“ (vom Lebensbaum) markiert die schlimmste Verwundbarkeit, die ein Mensch haben kann: das Fehlen seiner Wandlungskraft. Denn der Panzer selber ist die „tödlichste aller Wunden“, weil er wirkliche Beziehung, wirkliches *Lernen und lebendige Wandlung des Wesens verhindert.*

Das „Wachstum“, um das es da geht, ist INTEGRATION – also nicht eine Zunahme an „Länge, Breite, Dicke“, sondern an „Struktur, Informationsgehalt und Differenziertheit“.
Vielleicht ist ein bildhafter Vergleich erlaubt:
In der Entstehungsgeschichte der Arten hat die Evolution z. B. zwischen „Regenwurm“ und „Wühlmaus“ viele, viele Stadien solchen „Wachstums durch Integration“ bewirkt: Denn „Wühl-

maus“ ist nicht einfach ein viel größerer Regenwurm, der auch nicht anders gebaut wäre als die kleineren Regenwürmer, die vor ihm da waren, sondern ein viel komplizierteres Tier mit vielfältigen neuen Eigenschaften. Und doch ist der Regenwurm eine ferne Vorstufe im Entwicklungskontinuum der Lebensformen.

Was ist Integration?
Integration ist die Zusammenordnung und Vereinigung einer Vielheit von Einzelkomponenten zu einem neuen, komplexeren Ganzen, das fortan wieder einfach und nur noch eines ist, weil es alle diese Bestandteile in sich aufgenommen hat.
In Umgestaltung und Qualitätsumschlag geht dabei nur „das Wesentliche“ der Einzelelemente in dies Neue ein. Die hohe „Bereitstellungsenergie“, die zu solcher Vereinigung und Neuentstehung notwendig ist, wird in der komplizierteren Struktur stabil gebunden: So ist im Organismus der „Wühlmaus“ mehr Lebensenergie stabil gebunden als im Regenwurm; und gleichzeitig sind fortdauernd viel mehr Energie liefernde Vorgänge notwendig, um dieses viel komplexere Mauseleben zu erhalten. Schon allein die dauernde Aufrechterhaltung der „warmblütigen“ Körpertemperatur bedeutet, vom Standpunkt des „kaltblütigen“ Regenwurms aus betrachtet, einen unvorstellbar großen Energieaufwand.
Mit unserem „inneren Menschen“ ist es nicht anders: Die Integration psychischer Elemente zu „Seele“ und die Verdichtung der „Seele“ zu „Bewusstheit“, und die Integration aller verstreuten Bewusstseinselemente bis zu dem einen, eigenständigen und unteilbaren Wachsein der „Menschlichkeit“, das unsere eigentliche *Lebendigkeit* ist und trägt, erfordert einen (aus unserer Warte) ganz unvernünftig hohen Energieaufwand.
Das ist einer der Gründe, warum uns diese Aufgabe („des Wachstums nach innen“) so unzumutbar erscheint: Sie verlangt und verschlingt tatsächlich in einem äußersten und restlosen Aufwand alle Lebenskraft. Dafür entbindet sie aber auch unvorstellbar viel Freiheit und eine Beziehungsintensität nach innen und nach

außen („Wühlmaus"), die für uns (Beziehungs-) „Regenwürmer" schwer vorstellbar ist.

Die biblischen Texte sind voller Integrationsfiguren. Daher gehören z. B. die 12 Söhne Jakobs, die 12 Stämme Israels, die 12 Apostel. Jeder Einzelne von ihnen ist „jemand", etwas Eigenes, Wichtiges, Besonderes. Aber im Fortgang der Entwicklung geht es darum, dass diese „12 ‚Ich'-Kerne" in ihrer richtigen Anordnung um die lebendige Mitte zusammentreten, damit sie zuletzt („Integration") als die 12 Tore in die eine fertige (Bewusstseins-) „Stadt Jerusalem" aufgenommen sein können.
Die lange mühevolle Geschichte der notwendigen Umgestaltungen und Reifungsstufen füllt die 5 Bücher Mose und faltet sich auf im Bilderstrom von Abrahams Auszug aus Ur in Chaldäa, durch alle Geschichtsbücher und Prophetenschriften, bis zu den Evangelien und weiter bis zu der Offenbarung des Johannes.
Denn die Bibel erzählt vom gelingenden „Wachstum nach innen", von seinem langen Weg durch Hindernisse und Gefährdungen – und seinem letztendlichen Sieg, der kein „tragischer Heldensieg" ist, sondern schöpferischer Lebenssieg durch das Erscheinen der nächsten, „höheren" Form auf einem nächsten Niveau. Dieser „Neubeginn" ohne Bruch im Lebenskontinuum wird in ungeheurer Anstrengung aus dem Vorangegangenen selbst hervorgebracht („geboren") und enthält alle Vergangenheit in ihrer Quintessenz in sich („integriert").
Da ist nun interessant, dass es auch in den biblischen Texten „die Stelle zwischen den Schultern" gibt:
Im Segen des Mose über die Kinder Israel heißt es von Benjamin, dem jüngsten der 12 Söhne Jakobs und kleinsten der Stämme Israel: „Der Geliebte des Herrn wird sicher wohnen; allezeit wird Er über ihm halten und wird zwischen seinen Schultern wohnen."
Hier ist also „die Stelle zwischen den Schultern" die Wohnstatt des Schutzes. Es ist in etwa die Stelle, wo nach künstlerischer Tradition den Engeln die Flügel wachsen. Der gepanzerte Siegfried trägt an

dieser Stelle das gewichtslose Kreuzchen, das ihm Kriemhild als Zeichen auf den Kittel stickte. Wer dagegen in „ungepanzerter Verletzlichkeit" den Weg der lebendigen Wandlungen geht, trägt auf dieser Stelle leibhaftig das ungemilderte Gewicht der Wirklichkeit („das Kreuz"). Und etwa dort trägt auch „Christophorus" das Kindlein durch den Fluss *(der Zeit)* „ans andere Ufer".
Denn diese schutzvolle „Stelle zwischen den Schultern" ist Platzhalter der WANDLUNG („des Wachstums"). Sie vertritt eine Kraft, zu der unsere zerrissenen Herzen nur schwer hinfinden: Sie vertritt das URTEIL AUS LIEBE, das ein „Ja ohne Nein" und eine „Wahl ohne Gegensatz" ist.
Gewöhnlich gehört zu unserem „Ja" auf der einen Seite das „Nein" auf der anderen. („Dies hier will ich, ja, aber das da will ich nicht!") Da sind also zwei Schultern, die dies Urteil tragen. In solcher Wahl bleibt der Gegensatz immer noch in der Seele anwesend, als ihre gegnerische Abwendung von dem, was nicht bejaht wird. „Gegnerische Abwendung" bedeutet *Krieg*.

Was die Entwicklung von uns will („Energieträger"), ist aber eine „krieglose" Einstellung *(Liebe):*
Wo wirkliche Liebe ist, sagt einer nur „Ja", ohne dass es einen Gegensatz dazu gäbe. Der Zusatz „aber das/den/die liebe ich nicht!" gehört nicht mit dazu. Dieses „Urteil aus Liebe" wird also „zwischen beiden Schultern" getragen; und dort trägt es seinerseits den, der es gefunden hat (wie den Engel seine Flügel tragen). Denn es macht sein Herz unteilbar ganz und lebendig. Dass dieses Urteil zugleich unvermeidlich am Ort der ungeschütztesten „Verletzlichkeit" wohnt *(im Feuerofen)*, liegt in der Natur der Sache.
Unser „Wachstum nach innen" strebt nach solcher „Wahl ohne Gegensatz", nach einem umfassenden „Ja zur Wirklichkeit", das ohne Ambivalenz, ohne Rückzug und ohne Verleugnungen ist. Darum heißt es im 5. Buch Mose (30,19): „Wähle also das Leben, damit du lebst." Es heißt nur so; da ist kein Zusatz vom Gegenteil. (Es geht nicht weiter: „ – und nicht den Tod, dass du stirbst").

Die mythische Sprache der Bibel hat eindrucksvolle Bilder dafür geschaffen, wie das „ich"-Urteil langsam hereinzunehmen ist aus der weitgespannten Gleichzeitigkeit von Ja und Nein, von Zustimmung und Ablehnung, aus dem Bereich der krassen Gegensätze, nach innen bis ins ungeteilte Herz, wo sich das eine unteilbare Ja-ohne-Nein der vollen Zustimmung zum Leben findet. Zum Beispiel wird in den Texten, die dem Mosesegen vorangehen, genau beschrieben, wie der Durchzug nach Kanaan zu geschehen hat: zwischen zwei Bergen hindurch, auf denen Vertreter der 12 Stämme stehen, je 6 auf dem einen und 6 auf dem andern, die einen um zu fluchen, die andern um zu segnen. Diese Berge sind wie zwei riesige „geographische Schultern", die „Gehorsam" und „Übertretung", „Lohn" und „Strafe", „Freiwilligkeit" und „Angst" auf sich geladen haben. So fängt ja auch der „Wandlungsweg" an: zwischen den Gegensätzen. Aber wenn er erst durch viele, viele Integrationsstationen „Wachstum des inneren Menschen" bewirkt hat und in uns fertig wird, geschieht die richtige *Wahl des Lebens* „zwischen den Schultern": nicht aus Angst vor Strafe und auch nicht aus Anpassung und Bravsein, sondern frei und aus eigenem Willen, als „Wahl ohne Gegensatz".

Ebenso trägt nach der Kleidungsvorschrift (2 Mose 28) der Hohepriester auf seinen beiden Schultern Schulterspangen, in die von diesen gleichen 12 Namen je 6 auf der linken und 6 auf der rechten einzugraben sind, „vor dem Herrn zum Gedächtnis zu tragen" – auf der Brust aber, fest anliegend über dem Herzen, soll er „das Amtsschild" tragen, auf dem alle 12 Namen versammelt sind. Deutlich ist da jeder Einzelne für sich in einen besonderen Edelstein geschnitten („Eigenart") – und alle miteinander sind in vier Reihen zu je drei zusammengefasst („gemeinsam"). Durch goldene Ketten sind Amtsschild und Schulterspangen verbunden. Ins Innere dieses „Amtsschildes" sollen „Licht und Recht" hineingetan sein, für den Schiedsspruch, „damit sie immer auf dem Herzen seien vor dem Herrn".

Da wird bildhaft deutlich, wie die Aufgabe von den Bergschultern auf die Menschenschultern herüberkommen und „über dem Herzen" ihre Lösung finden muss: Nicht „Gegensatz" soll das Urteil bestimmen, sondern die Sache des GANZEN. Nach „Licht und Recht" und in Verbindung zu allem, was an „Ja" oder „Nein" auf den Schultern ist, ist das eine Urteil des einigen Herzens zu suchen, das „der Schiedsspruch zum Leben" sein kann, weil darin „krieglos" dem *Leben des Ganzen* gedient wird.
Im Ringen um solches Urteil, um die ethische „Stelle zwischen den Schultern", entsteht im „Wachstum nach innen" das „fleischerne Herz", in dem unser *verletzliches Leben* seinen unverlierbaren Wandlungsschutz hat.

In der Nibelungengeschichte dagegen geht es ganz anders zu. Von den Gegensätzen wird nicht einer versöhnt. Im Gegenteil: Unendlich töricht und vertrauensselig gab Siegfried seiner Frau Brunhildes Schlangenring, den er ihr heimlich nahm („Tarnkappe"). Er selber gibt ihr den Trumpf in die Hand, mit dem sie die Nebenbuhlerin demütigen kann! Im Außen, im Umgang mit anderen Menschen, entspricht das einem totalen Mangel an Einfühlung, an Wertbewusstsein, an Sinn für Fairness und Beziehungsklugheit. Und innen, im Umgang mit sich selbst, entspricht das einer fatalen Einseitigkeit: Das Helden-Ich verbindet sich allein und eng nach innen, mit seiner etwas zickigen „Empfindsamkeits-Kriemhild"; die unerkannt („Tarnkappe") ebenfalls „als Braut errungene" streitbare „Durchsetzungs-Brunhilde" wird „einem anderen abgetreten" (der interessanterweise „Kriemhilds Bruder" ist!) Was macht sie da, die Streitbarkeit, so ungesehen neben der Empfindlichkeit? Sie schmiedet Ränke!
Das sind Spaltungsbilder von wachsender Zwietracht unter der Oberfläche – so, wie außen zwischen verschiedenen Menschen, auch innen, innerhalb der Person selbst:
Die beiden Frauen sind wie zwei gegensätzliche Hälften einer Seele: innen empfindlich und zurückgezogen, außen kriegerisch

gerüstet und nach Überlegenheit trachtend. Unversöhnt lodert die Gegensatzspannung und schürt die Rivalität, die Eifersucht und das Geltungsbedürfnis: Natürlich wird „der Schlangenring" zu explosiver Sprengkraft, statt zu (ver-)binden.

Verhängnisvoll fehlt „Religion": Es gibt keine ernsthafte Beziehung zu einem größeren Wert, für den die Gegensätze gebündelt würden (in der *Ehrfurcht*), so dass ÜBERWINDUNG möglich wäre.

Der Streit der beiden Frauen um den Vorrang an der Kirchentür ist ein klassisches Abbild offener Ambivalenz: Es geht gar nicht wirklich um einen Inhalt („Gottesdienst"), ein gemeinsames „Ehrfurchtsziel" fehlt spurlos. Das einzige wirkliche Thema ist „die Geltung" (Überlegenheit und Durchsetzung – siehe oben: das ist das Kennzeichen der nur-heldischen Ebene, auf der WANDLUNG nicht geschieht!)

Es passt genau, dass der Trunk an der Quelle zum Zeit-Ort des Mordes wird, denn zum „Wachstum nach innen" gehören die „Wasser des Lebens" und ihr kreativer Zustrom aus dem Unbewussten, ohne den es keine Erneuerung und kein Erwachen des „inneren Menschen" geben kann.

Im biblischen Psalm 110 heißt es daher: „Er trank aus dem Wildbach am Weg, darum erhebt er das Haupt."

Im Nibelungenlied geht es genau umgekehrt: Da trifft der Mörderspeer genau in dem Augenblick, wo „aus dem Wildbach am Weg" getrunken werden sollte. Das muss so sein, weil man im Zustand der Gespaltenheit, in ungelöster Ambivalenz und angefüllt mit verleugneter Wut die Berührung mit den „Lebenswasser"-Energien des Unbewussten „nicht überleben" kann. Das Ich, das nicht „von innen lebendig" ist *(aus dem Feuerofen)*, sondern von Sprüngen und Rissen durchzogen ist (AMBIVALENZ), hält dem Spannungszuwachs nicht stand und zerbricht. Das ist „Tod des lebendigen Keims" in der Psyche, Erlöschen der kreativen Wandelbewegung, Tod des „ich".

Derzeit sind zunehmend viele Erwachsene von solchem „Tod an der Quelle" betroffen. Und eine noch größere Zahl „trinkt lieber

gar nicht erst aus dem Wildbach"; so gibt es zwar kein „Zerbrechen", aber auch kein „Wachsen", sondern nur eine Art von „wandellosem Dornröschenschlaf". Da der lebendige Gegensatz dazu, die permanente kreative Überwindungsbewegung in der Hitze des „Feuerofens", nicht allgemein als die lebensvolle andere Möglichkeit erkannt, geglaubt und wert gehalten wird, fällt das „Stillstehen" nicht als ein „inneres Absterben" auf. Es gilt als normal.
Es sollte uns aber vielleicht doch zum Nachdenken bringen, dass von dem Zeitpunkt an, wo biblisch einer „das Haupt erhebt", in der Siegfriedsage stattdessen der „Untergang der Nibelungen" seinen unaufhaltsamen Lauf nimmt.

Blut und Wein

Im Nibelungenlied fließt Blut in Strömen, vor allem dann, wenn die Recken vom Strömen des Weines volltrunken sind. Da bleibt beides, das Blut und der Wein, in seiner unverwandelten „Rohform", wird sinnlos vergossen und wandelt weder in den Opfern noch in den Tätern „den Geist".
Beim „Wachstum nach innen" geht es dagegen um einen anderen Umgang mit den Lebensenergien: um „die Verwandlung in Geist". Aus dem Blut wird der Wein.
Das hat wiederum mit „der Verletzlichkeit" zu tun und mit dem FEUEROFEN DES FÜHLENS: denn es geht darum, dass die „heißen Gefühle" selber aus der „heldischen Ebene" der Durchsetzung (auf der sie am Hass schwer vorbeikommen), durch die Vollständigkeit, mit der sie da sein dürfen, über die Verletztheit „erhöht" werden, so dass sie (Liebe) sich genauso heiß wie zuvor „auf andere Ziele" richten können. „Vergeistigung" ist nämlich ohne „heißes Fühlen" nicht möglich, weil die *Seele im Feuerofen* lebendig ist. (Sie ist sozusagen der geheimnisvolle Feuersalamander der Alchimisten! Wo sie ihr Glühen in Freude und Zorn nicht mit-

bringen darf, ist zwar vielleicht viel „Abgeklärtes" im Kopf möglich, aber kein wirkliches „Leben des inneren Menschen".)
In der Bibel heißt es einfach: „Denn das Blut ist das Leben" – das körperliche sowohl als auch das psychische: Wenn wir sagen, dass „das Blut in Wallung kommt" vor Zorn und „ins Gesicht steigt" vor Scham, dass „es in den Adern gefriert" vor Entsetzen oder „stockt" vor Schreck, dass es „heiß zum Herzen strömt" vor Freude oder „kalt und träge wird" vor Hoffnungslosigkeit, drückt solcher Sprachgebrauch sehr deutlich aus, wie unmittelbar „die Seele" mit ihrer Lebensbewegung aus dem Leib aufsteigt.
Daran kann man ganz deutlich sehen, was mit „integrativem Wachstum nach innen" gemeint ist: Denn der seelische Raum mit allen seinen Gefühlen, Fähigkeiten und Eigenschaften (den wir heute ein bisschen zu selbstverständlich und ehrfurchtslos als „eben zum Menschen gehörig" für uns kassiert haben), entstand für uns alle (und entsteht immer noch, bei jedem einzelnen Kind neu!) als eine „Weiterentwicklung" im Inneren des körperlichen Erfahrungsfeldes. Dass wir alle grundsätzlich mit der Fähigkeit zur Ausbildung von „seelischem Innenraum" ausgestattet sind, ist unsere spezifische Begabung („die uns mitgegebene Seele"). Aber dass sich dieser Innenraum beim Einzelnen dann auch wirklich über und in dem leiblichen Erfahrungsfeld bis zur Eigenständigkeit der „inneren Welt" verdichtet, ist das Ergebnis von mühsamem Wachstumsprozess: von Konzentration der Lebensintensität und Integration verstreuter Ansätze zu einem nächsten, komplizierteren Ganzen (nach „Regenwurm" und „Wühlmaus" nun „Mensch mit seelischem Innenraum").
Jedes Kind muss diese Mühe leisten – und kann das auch, wenn wir ihm nicht wehren (siehe, was oben über „Siegfrieds Hornhaut" gesagt ist).

Die (biblischen) Ordnungsbilder von der Vergeistigung des Fühlens zu WEIN wollen nichts anderes als die Fortsetzung dieses Verdichtungs- und Wachstumsprozesses: Sie bebildern einen wei-

teren Schritt der Konzentration und der Integration von Ansätzen, die sich in diesem „seelischen Raum“ bereits gebildet haben und noch bilden wollen. Als eine „Weiterentwicklung“ erwacht daran der „innere Mensch“ zu seiner Freiheit.
Die Subjektivität („meine“) ist dabei das Kernstück. Denn es geht ja grundsätzlich um die Ausbildung der „hochspezifischen persönlichen positiven Verbindungsenergie“, die mich „ohne Gegensatz“ mit der Welt verbinden kann (Liebe). Dafür müssen im glühenden „Feuerofen des Fühlens“ meine höchstpersönlichen Gefühle so wahrhaftig und vollständig aufbrennen, dass sie „gewandelt und erhöht“ werden können, bis sie auf Verletzung („Kränkung“) nicht mehr mit „Erkalten“ und „Gegenangriff“ antworten müssen. Das bedeutet zunächst einmal Überwindung aller verwaschenen Pauschalgefühle, Gefühlsduseleien, Rauschzustände und Schwärmereien – und dann bedeutet es *Überwindung* (von allem, was zwar auch „heiß und persönlich“, aber nachtragend, kleinlich und hasserfüllt ist).

Die Mythen der Menschheit stellen diesen mühsamen, aktiven „Erhöhungsprozess“ als „Verbindung zwischen *Erde und Himmel*“ dar: Daher gehört der „Weltenbaum“ (auf dem die Schamanen bis in ein nächstes Niveau klettern) genauso, wie „Jakobs Himmelsleiter“ oder die „Auffahrt des Propheten Elias im Wetter“ oder das Versprechen der Psalmen, „dass du auffährst mit Flügeln wie Adler“. Und natürlich gehören dazu alle „Anrufe durch den Geist“ („Buddhas Erleuchtung“ so gut wie das biblische „ich habe dich bei deinem Namen gerufen“). Und auch alle „Boten“ (Engel), die mit solcher Forderung nach WANDLUNG DES WILLENS UND WESENS in die Alltagsverfassung einbrechen – nicht nur die christlichen! Es haben wohl alle „wirklichen Religionen“ *(Ehrfurcht!)* mehr oder minder deutliche Leitbilder dieser Art.

Das Nibelungenlied dagegen kennt weder „Boten“ noch „Aufstieg“. Der Himmel bleibt rein geographischer Wetterhimmel

ohne jede geistige Bedeutung und im „Feuerofen des Fühlens“ lodert mit Nachdruck das nachtragende Rachefeuer des *Hasses*, so „roh“ und unverwandelt wie die physikalischen Flammen in der Feuerstelle.
Es ist seltsam, welche Faszination manche Szenen dieses Untergangsliedes auf die Dichter der Neuzeit ausgeübt haben, ganz besonders offenbar eine, die mehrfach nachgedichtet worden ist. Da halten die Helden bei Nacht Wache, die Könige und ihre Schwester Kriemhild, der finstere Hagen und mit ihnen der treue Sänger Volker. Draußen im Dunkeln schleicht es und lauert – droht da Verrat? Der Sänger singt und spielt ein Lied, um die Bangigkeit zu vertreiben.
Vielleicht ist es genau dies unklare Bedrohungsgefühl und die Intensität der verleugneten Angst, das die Dichter zum Nachsingen angeregt hat. Vielleicht ist das Nibelungenschicksal der modernen Seele gar nicht so fremd!
Von einem solchen neuzeitlichen Gedicht vom Anfang des letzten Jahrhunderts möchte ich die letzten Strophen zitieren, weil darin etwas bildhaft wird, was ich gern deutlich machen möchte. Es ist von Agnes Miegel (1879–1964) und heißt „Die Nibelungen“: Sie schildert darin diese Szene, wie sie alle lauschend um das Feuer sitzen und Volker ein Lied voller Unheilsahnung singt. Dann heißt es:

Jäh bei dem letzten Bogenstrich
sprangen die Saiten und schrien,
Hagen von Tronje neigte sich
und wiegte sein Schwert auf den Knien.

Die Könige saßen bleich und verstört,
doch die schöne Kriemhild lachte,
sie sprach: ‚Nie hab ich ein Lied gehört,
das mich lustiger machte!‘

Sie kniete nieder und schürte die Glut,
von ihren schmalen Händen
zuckte der Schein wie Gold und Blut
und sprang hinauf an den Wänden.

Es ist dies „Lachen der Kriemhild“, auf das ich Sie aufmerksam machen möchte. Es ist das letzte Todeszeichen über dem Untergang des lebendigen „ich“ und das schärfste Signal für das „Zerbrochensein der Psyche“.
Es ist mit „dem Lachen“ wie mit den mythischen Bildelementen, die ich zuvor schon erwähnte: Wie Bild und Spiegelbild stehen sich „das Wachstum der lebendigen Seele“ und „das Auseinanderfallen der gepanzerten Psyche“ gegenüber. Beide Male ist das *Lachen* das Zeichen für das „Abstreifen aller Bindung“, aber wie sehr verschieden ist dies Gleiche!

Auch in der biblischen Botschaft ist das LACHEN ein „letztes Zeichen“: „Jubel und Freude werden euch ergreifen“, heißt es dort vom Anbruch der „messianischen Zeit“, in der „euer Mund voller Lachen“ sein wird. Denn die FREUDE ist das Siegel auf dem errungenen Überwindungssieg der Gemeinschaft aller Menschen; nicht anders, als über den einsamen *Überwindungssieg* eines Einzelnen „Freude im Himmel“ herrschen soll, „mehr Freude“ sogar als über allerlei, was ohne Überwindungsmühe verfügbar zu sein schien. Von daher wird auch neu und anders verständlich, warum es in den Evangelien heißt: „Ich aber sage euch, freut euch!“ Denn wer sich freut, kann nicht zugleich „nachtragen“, grollen und Rache brüten. Freude ist, wie die Liebe, „ohne Gegensatz“: Wer sich wirklich freut, vergisst, was ihn ärgert.
Wo also dies biblische Lachen ist, werden „alle Bindungen abgestreift“: alle nachtragenden Ärger-Bindungen, alle Fesseln des unendlich wiederkäuenden Kränkungsgedächtnisses, alle unbewussten Vergangenheitsketten, durch die wir an automatische Abläufe aus immer gleichen Reaktionsweisen gekettet sind. Es ist ein

„ernsthaftes Lachen“ aus Ohnmacht und Einsicht, aus Einwilligung und Versöhnung, ein Lachen ohne Bitterkeit, tief von Trauer und hell von Freude, weiträumig ausschwingender Glockenton aus der innersten Mitte des Feuerofens. („Humor ist, wenn man trotzdem lacht“, und zwar „ohne Ironie“. Dieser Zusatz ist sehr wichtig!)

Im Gegensatz dazu ist „Kriemhilds Lachen“ nicht „ernst“, sondern ingrimmig und voll Hohn. Es ist kalte Wut. Es verhöhnt den eigenen Schmerz und genießt den eigenen Hass, als wäre es Freude. Was es überhaupt nicht berühren kann, ist die Tiefe der Trauer, die unter der „Lustigkeit“ erstickt ist. Auch dieses Lachen ist ein „Zeichen der Freiheit“, weil „alle Bindung abgestreift ist“ – aber sehr anders: Denn was da abgestreift wird, sind alle Bindungen an „Verbindliches“, an Güte, Vernunft und Einsicht, alle Bindung durch Treue und Rücksicht, alle „Bande des Blutes“ in Realität und Seele. Es gibt nichts mehr, was ein solcher Lacher nicht tun könnte, denn er hat mit Wahrheit und Wirklichkeit gebrochen; seine „Freiheit“ ist die schrankenlos entfesselte Willkür.
Solches Lachen ist nicht Humor, obwohl es auch „trotzdem lacht“: aus Trotz, aus Wut, voll Verachtung und allen Gefühlen zum Hohn. Von weitem könnte es dem Humor ähnlich sehen – und wird wohl auch damit verwechselt. Aber die „Versöhnung“, die es anzubieten scheint, ist giftig: Es ist Versöhnung ausschließlich *ohne den Geist*, als verachtungsvolle Verbrüderung mit all denen, die ebenfalls ohne den Geist *aus dem Hass allein* Stärke beziehen wollen. Auch dieses Lachen entspricht einem „Urteil ohne Gegensatz“, aber einem, das die exakte Umkehrung des „Urteils aus Liebe“ ist: Es sagt nicht einmal mehr „Nein zum Leben“, es sagt nur noch „Ja zur Tötung“. Wenn Kriemhild niederkniet und „die Glut schürt“, will sie, dass alles zerstört wird.

Für uns wäre es wichtig zu lernen, wie das eine Lachen vom anderen Lachen zu unterscheiden ist. Nicht nur zum Selbstschutz!

Sondern vor allem auch deshalb, weil das schlimme „Lachen der Kriemhild“ ein Notschrei ist. Denn die „Freiheit der schrankenlos entfesselten Willkür“ ist von allen Gefängnissen das schlimmste. Niemand, der da hineingeriet, kommt ohne fremde Hilfe wieder heraus. Wir sind darin aufeinander angewiesen und dazu verpflichtet, einander alle nur mögliche Hilfe zu geben.
Der Rückweg ist freilich ein mühsamer und sieht sehr bitter aus, weil er durch viele Stationen zurückführen muss, genau dorthin zurück, was von allem Anbeginn vermieden werden sollte: aus aller Panzerung zurück bis in die verlorene Verletzlichkeit, zurück in den Feuerofen:
Der erste Schritt ist voller Demütigung, weil unter dem triumphierenden Hass die Resignation sichtbar wird – und unter der Resignation die unerträgliche Ohnmacht.
Der nächste Schritt fordert viel Mut, weil das Ich sich von all den triumphierenden Verleugnungen trennen muss, die seine Schwäche und seine Verletzung verbargen.
Der dritte Schritt tut weh, weil das Ich seinen Hass als sein Leiden erleiden muss. Darin begegnet es seiner abgrundtiefen Verzweiflung. Das ist „der tiefste Punkt“.
Es wäre unser aller Aufgabe, niemanden, wer immer er sei und was immer er getan haben mag, an diesem Punkt ohne Begleitung und Hilfe zu lassen. Was gibt es für Hilfe? Mit ihm die äußerste Ohnmacht zu ertragen und unverzweifelt seine Verzweiflung zu teilen, ist das Einzige, was wir tun können – und das Wirksamste. Wenn das gelingt und endlich das „Tauwetter“ kommt, so dass die Wut sich entbindet, die heiße, lebendige Loderwut über Verrat und Misslingen, Enttäuschung, Betrogensein, Zukurzgekommensein und Schuld, diese unerträglich sengende Wut über unersetzlichen Verlust an Leben – dann ist (paradox!) die Grenze zum *Leben* erreicht: Von hier an kehrt der ungemilderte Schmerz wieder und ermöglicht die Trauer. Im Feuerofen lodert wieder die lebendige Flamme des „ich“. Seine vorbehaltlose und völlige Trauer selber ist HOFFNUNG.

Die Drachenhaut schmilzt, wie Eis vor der Sonne. Und was bleibt, ist nicht „Wasser" allein, sondern „Wasser voll Leben".

Das alles sind die Gründe, von denen ich Ihnen sagen wollte: die Gründe dafür, warum ich der Meinung bin, dass „unsere Verletzlichkeit nicht wirklich ein Unfall ist", sondern unser kostbarstes Lebensgeschenk für uns selbst, die lebendige Mitte des „ich" und die Quelle von Hilfe für andere. Wir sollten sie nicht „weghaben wollen", sondern sie mutig ertragen und unbeschämt dulden, dass andre sie sehen: In ihr „glüht der *Schatz*" und geht nicht verloren. Und sie ist der wunderbare „Schlangenring", der uns alle verbindet: Denn wir haben und brauchen sie alle!

Hitler und die Hoffnung der Jugend

Wo endet das Dritte Reich?

Mein Hauptanliegen ist, etwas von der Beendigung des Dritten Reiches zu sagen. Dabei scheint mir, dass wir noch gar nicht wirklich wissen, wo eigentlich sein Anfang zu suchen ist. Was lässt sich über das Ende sagen, bevor der Anfang und seine Fortsetzung zu angemessener Sprache kam?
Aber vielleicht wird es ja möglich sein, den Gedanken von der Beendigung so deutlich zu beschreiben und so fest zu fassen, dass er eine Art Hintergrundfolie für die Suche nach Anfang und Fortsetzung abgibt. Eine Vorstellung davon, wie eine richtige Entwicklung aussehen würde, erleichtert das Auffinden der Fehlerquellen in einem falschen Entwicklungsverlauf. Dazu beizutragen, ist „Hitler und meine Hoffnung" in diesem Aufsatz.

I.

Für mich gehört es mit zum Schrecklichsten am Nazi-Reich, dass so viel wirkliche Begeisterung gutgläubiger junger Menschen darin zum Aufbau des Grässlichen verwendet worden ist. Das Regime bezog Zustrom von Kraft aus dem Missbrauch der Hoffnung der Kinder. Das heißt für uns: wenn wir ihm ein Ende machen wollen, müssen wir darüber nachdenken, was „Hoffnung" ist, und wodurch sie missbrauchbar wird. Denn mir scheint, das Dritte Reich ist noch immer unter uns: 1995 ist der Missbrauch der Hoffnung um nichts geringer als vor 60 Jahren – nur ist er unkenntlicher geworden, denn seine Form hat sich geändert. Ich möchte zeigen, dass und warum die strahlenden Augen der Hitler-Jugend damals und der auffällige Mangel an strahlenden Augen unter den Jugendlichen von 1995 unmittelbar zusammenhängen. Beides sind die gegensätzlichen Erscheinungsformen der

gleichen Mangelsituation: Hoffnung liegt brach und wird überwuchert vom Unkraut Resignation. Was heißt das?
Dass Hitler und seine Gefolgsleute die Entflammbarkeit der jugendlichen Begeisterung so reibungslos für Zwecke der Unmenschlichkeit ausbeuten konnten, hat die gleiche Ursache wie die seltsame Erscheinung der Stumpfheit, die derzeit Lehrer und Eltern beunruhigt: dass die Aufmerksamkeit der Kinder höchstens als ein flüchtiges Strohfeuer auflodert und für ein wirkliches Interesse kaum noch entflammbar scheint. So, als habe die Feuersbrunst des „tausendjährigen Wahnsinns" in den Köpfen der Großeltern und Eltern eine ausgebrannte Seelenlandschaft in den Kindern und Enkeln hinterlassen – so, als wäre der Hoffnungsgrund des Menschengeistes so ausgeglüht vom Wüten des Feuers, dass nun nichts Brennbares mehr darin zu finden ist.
Das Bild ist krass, scheint mir aber nicht gar so unangemessen: Das, was da ausgeglüht ist und so sehr zu fehlen beginnt, dass Hoffnung nicht mehr recht brennen kann, auch nicht in den Kindern, ist kreatives Potential zur Hervorbringung des Noch-nie-Dagewesenen. Es fehlt, weil die Hoffnung fehlt. Hoffnung und ihr kreatives Potential sind das Gleiche für die Zukunft, was Geistesgegenwart und Tatkraft für die Gegenwart sind: lebendige, gestaltende Kraft aus der schöpferischen Präsenz der ganzen Person.
„Hoffnungen" gibt es unzählige verschiedenster Art. An denen war und ist gewisslich kein Mangel, weder im Dritten Reich noch heute. Aber Hoffnung im allgemein menschlichen und existentiellen Sinn gibt es nur eine, immer dieselbe, bei allen Menschen, in allen Generationen: Hoffnung ist die Einsichts-Kraft, die das Leben unter jeder Bedingung als sinnvoll erscheinen lässt, weil die eigene Anstrengung als unersetzlich erfahren wird, und der rückhaltlose Einsatz der ganzen Person als Notwendend notwendig für etwas höchst Wertvolles begriffen werden kann. Das heißt: Hoffnung ist auf Zukunft gerichtete Beziehungsgewissheit der eigenen Daseinsbedeutung, eine so be-

dingungslose Gewissheit von *Sinn,* dass tatsächliche konkrete Sinnerfahrung daraus möglich wird. Hoffnung ist gleichbedeutend mit *wachsendem Leben* und *Geist* und *Kreativität* und *Liebe.* Da sie in „meiner Wertschätzung" wurzelt, entspringt sie „aus mir", aus dem lebendigen, wachsenden Ganzen, das „ich" bin. Da sie nach draußen gerichtet ist, auf das, was „mir wert" ist, ist sie die BRÜCKE zwischen „mir und der Welt". Da sie „aus Wertschätzung" besteht (aus Liebe), will sie „lieber das Leben" als Macht oder Vorteil. Deshalb ist sie *die Brücke* zwischen Jetzt und der Zukunft.

HOFFNUNG entspringt aus der Wirklichkeit und richtet sich auf Wirklichkeit: sie erwächst aus der Unmittelbarkeit der Wahrnehmung und aus der Genauigkeit, mit der wahr sein und bleiben darf, was so ist, wie es ist. Ihre Voraussetzung ist die Wachheit, mit der „ich" zu erkennen wage, was da ist – das heißt, zu ihr gehört „meine Kraft, die Angst vor der Wirklichkeit zu überwinden". Am Verhalten von Kindern kann man das unmittelbar beobachten: so lange sie unverstellt neugierig sind, sind sie voll Hoffnung. So lange sie voll Hoffnung sind, sind sie voll wachsendem Leben. Sie schauen ganz genau, sie hören, riechen, schmecken und wollen ganz genau wissen. Die Neugier auf die Wirklichkeit hilft ihnen, Angst zu überwinden. Deshalb können sie noch in der Angst von einer furchtlosen Neugier sein. Darum wachsen sie beständig an „ich", an Ganzsein des eigenen Wesens und an Beziehung zur Welt. Aus diesem beständigen Wachstumsprozess sind sie kreativ. Wenn sie aber nicht genau schauen und hören und fragen dürfen, geht ihnen die Hoffnung verloren, dass man Angst überwinden kann. Das Verbot, kreativ zu verstehen, lässt sie das richtige Schauen, Hören und Fragen verlernen. Stumpf, blind und ohne eigene Neugier werden sie „Mitläufer" dessen, was ihnen „erlaubt" wird. Sie wachsen nicht länger an „ich", sondern nehmen ab: an Ganzsein des Wesens und an Beziehung zur Welt. Wo dieser Schrumpfungsprozess vollständig abliefe, bliebe zuletzt „niemand".

Dieser Zusammenhang gehört in die Entstehungsgeschichte des Nationalsozialismus und in seine Fortsetzungsgeschichte bis heute, weil für das Phänomen Drittes Reich der Schrumpfungsprozess des „Ich"-Verlustes von zentraler Bedeutung ist. Ich-Verlust ist Hoffnungsverlust, Realitätsverlust, Wertverlust, Verlust der Liebe und der Kreativität, Verlust der Vernunft und der Menschlichkeit. Das ist wie Psychose.

Hoffnung, die eine, existentielle Hoffnung, die uns die Kraft gibt, unser Dasein als sinnvoll zu begreifen, ist Teilhabe an einem kreativen Prozess der Wirklichkeitsentstehung aus Begegnungen mit der Wirklichkeit in uns und zwischen uns, innen und außen. Er besteht völlig aus freiwilliger Aufmerksamkeit und Lernbereitschaft, aus Tatkraft und Geistesgegenwart in Zugewandtheit. Hoffnung ist *Liebe zur Wirklichkeit* („meine") und verbindet den Augenblick Jetzt mit der wirklich möglichen Zukunft, verbindet mein vereinzeltes Sein sinnvoll mit der wirklichen übrigen Welt, und verbindet mich mit mir selbst, dass ich wachse, an Verstand und an Wachheit, an Einheitlichkeit und an Kraft, an Wirklichkeitssinn und Beziehungsfähigkeit. Sie ist *lebendige Brücke wachsender Menschlichkeit*, die ständig neu entsteht – und schafft dadurch immer neue *Brücken aus Wirklichkeit*, die bestehen bleiben können. Sie ist kreativer *Mittler* zwischen dem „Sosein in der Gegenwart" und dem „Werden des Zukünftigen", und dieser Mittler „bin ich".

Damit ist auch schon gesagt, wo überall Hoffnung nicht sein kann – wo sie logischerweise fehlen muss, und also wohl sinnlosen Hoffnungen Platz gemacht hat:

– überall, wo die Angst herrscht, weil sie nicht überwunden werden darf/kann,

– wo man nicht genau hinschaut/hinschauen darf, was wirklich da ist,

– wo die „Liebe zur Wirklichkeit" fehlt/fehlen muss, weil sie verboten ist,

– wo Aktivität der Aufmerksamkeit nicht als Mittler zwischen „Sosein" und „Ganzwerden" tritt,
– wo dies eine, individuelle Dasein, „genau meines", nicht als unersetzlich sinnvoll erlebt wird/werden darf, und der eigene Einsatz nicht kreativ in das Ganze eingreifen kann/darf,
– wo es keine Vorstellung vom Ganzsein und Ganzwerden gibt/geben darf, weil es nicht erlaubt ist, das Zerbrochene anzuschauen;
– wo die versammelte Präsenz der Person nicht bedingungslos gewagt werden kann, weil Intensität der persönlichen Anteilnahme nicht gefragt, nicht erlaubt, gefürchtet, verboten ist;
– grundsätzlich überall dort, wo Menschen nicht an Menschlichkeit wachsen, an Wahrheit und Sinn, an Beziehung und Intensität, an Ganzsein und Leben, weil etwas fehlt, was sie weglassen (müssen) und auch nicht dazukommen lassen können oder dürfen.

Das Fehlen der Hoffnung ist Fehlen der Menschlichkeit. Es ist ein Fehlen im Zentrum und bedeutet Fehlen von Leben. Seine letzte und eigentliche Wurzel ist in allen Fällen die Angst. Der letzte und eigentliche Gegensatz zur Angst ist Liebe, weil wirkliche Liebe die Angst vertreibt. Daraus ergibt sich als logische Schlussfolgerung:
Hoffnung fehlt überall dort, wo Liebe nicht sein kann, wo sie nicht wachsen darf, wo sie fehlt.
Hoffnung entspringt dagegen überall da, wo der schöpferische Prozess der Wesenswandlung durch Wachstum stattfinden darf, aus dem unsere Liebe entspringt. Es ist der Prozess der „Individuation", den wir als „inneres" Wachstum bezeichnen, weil/obwohl er zugleich Wachstum „nach außen" bedeutet: Zunahme an Kraft wirklicher Anteilnahme für Menschen und Welt. Dieser innere Wachstumsprozess selber ist „Ganzwerden des Wesens": Verstand und Herz verbinden sich darin zu herzlicher Einsicht – Gedanke, Gefühl, Sinnlichkeit und Wünschen fügen sich untrennbar zusammen zu „mir".

Dass dieser lebendige Entwicklungsprozess des „ich“ aus historischen und sozialen Gründen blockiert war und noch ist, machte und macht ihn den einzelnen Menschen schwer zugänglich. Dass er darüber hinaus aus Gründen eines anonymen und kollektiven „Wirklichkeitsverbotes“ auch individuell durch mörderische Ängste blockiert ist, bringt ihn und uns ernstlich in Gefahr. Denn deshalb ist unser aller Hoffnungsantrieb durch „Nazi-Ideologien“ aller Art missbrauchbar.
Es ist beängstigend, wie schwer es ist, von diesen Dingen zu reden. Es gibt in der Gegenwart keine sichere Übereinstimmung mehr, was die einzelnen Worte bedeuten. Was ist WERT? Was ist SINN? Was ist WAHRHEIT, was LEBEN? Die Sprache schillert in unerträglicher Weise, weil für viele Menschen der Begriff *Wert* zum Inbegriff von *Unwert* geworden ist, die Suche nach *Sinn* zum *Unsinn*, die Idee der *Wahrheit* zur blanken *Illusion* und Hoffnung auf *Leben* zur *Lebenslüge.* Das ist das verhängnisvolle Erbe des Dritten Reichs – es wuchert zwischen uns und ist im Begriff, die Grundlagen einer gemeinsamen Sprache zu zerstören.
Wer ein bisschen eingehört ist in nationalsozialistische Parolen, hört ziemlich sicher eine Ähnlichkeit der verwendeten Begriffe, „Hitler und die Hoffnung der Jugend“ ist wahrhaftig ein teuflisches Thema, weil Richtig und Falsch fast ununterscheidbar zusammenfallen. Denn was beides trennt, sind nicht die Begriffe. sondern einzig die Beziehungsrichtung, in der sie benützt werden: ob ihre Wirkungslinien vom lebendigen Innen her kreativ ins Außen verweisen, oder vom erstarrten Außen her tödlich auf das Innen gerichtet sind. Richtung wachsender „ich“-Helligkeit Liebe steht gegen die Richtung wachsender Ich-Entleerung aus Macht/Angst. Je nachdem in welcher Richtung gedacht wird, hören sich meine Worte ganz verschieden an.

Was zum Beispiel ist *„kreatives Potential“*?
Gewöhnlich stellt man sich darunter viel zu einseitig künstlerische Produktionen vor. Nicht jeder Mensch ist ein Beethoven und

es muss auch nicht jeder unsterbliche Bilder malen. Die Gestaltung der ureigensten subjektiven Kraft zu persönlichem Erleben ist auch ein schöpferischer Prozess, und zwar der umfassendste von allen: Das eigene Ich so fein zu differenzieren, so fest zu fassen und so sicher zu gründen, dass es in einmalig unverwechselbarer, persönlicher Weise fähig wird, wirklich zu lieben, ist schöpferische Leistung von höchstem Rang. Das größte Kunstwerk, das „der Künstler in uns" entwerfen kann, sind wir selbst, wenn uns das Leben umschaffen darf zu tieferem Leben, indem es uns lehrt, von weiter innen, von einem intensiveren Ichsein her, persönlicher auf immer mehr Welt außen in Anteilnahme bezogen zu sein. (Das wäre also: Beziehungsrichtung von innen ins Außen). Das ist ein Weckprozess für das Ich und seine wachsende Wachheit des Herzens. Er speist sich aus unserer eigenen Fähigkeit, tief und ehrlich bewegt zu werden, durch das, was uns unter die Augen kommt.

Davon zu reden, ist deshalb so schwer, weil die Worte fast die gleichen sind, wie sie das Dritte Reich für die Umkehrung dieses Weckprozesses gebraucht hat. Denn Nazi-Ideologie wollte genau das Gegenteil: Da ging es darum, die Menschen vom Außen her zur Gleichförmigkeit des Erlebens zu zwingen. Unter dem Druck ich-loser Klischeevorstellungen sollten sie sich in wachsender Entleerung „wie ein Mann" gegen immer mehr feindliche Welt stark machen. Zwischen dem sinnentleerten schablonenhaften Innen des Einzelnen und den sinnentleerten Schablonenvorstellungen von „Feinden des Volkes" ist eigentlich überhaupt keine Beziehung möglich, weil beides nicht wirklich ist. Das sinnlos gewordene Fühlen muss sich ziellos entladen, z. B. als der berühmte „Furor teutonicus", der in seiner blindwütigen Raserei dem Amoklaufen aus Angst-Wut verzweifelt ähnlich sieht.
Nazi-Ideologie ist ein Prozess der Ver-Blendung bis zur völligen Wirklichkeitsblindheit und der Aushöhlung des subjektiven Persönlichkeitskerns bis zum völligen „ich"-Verlust. Dieser Zerstörungsprozess kommt in Gang und wird unterhalten durch un-

sere eigene Verführbarkeit, mit Mechanismen der Angst sich Sicherheit schaffen zu wollen.
Der entscheidende, kaum sagbar feine und fundamentale Unterschied zwischen Weckprozess und Aushöhlungsprozess liegt im Wirklichkeitswert, den Ich und Welt „für mich" haben dürfen. Wo einer ehrlich tief bewegt ist, durch das, was er wirklich wahrnimmt, weckt ihn das zu tieferem Ich-Sein vor der wirklichen Welt. Da entsteht *Hoffnung als Brücke*. Wo dagegen allgemeine Klischees in grandiosem Wegschauen hohle Begeisterungen auslösen dürfen, geht innen das Ich-sein und außen die Welt verloren. Übrig bleibt wachsende Leere und füllt sich mit wachsendem Hass aus der wachsenden Angst. Da entsteht Drittes Reich als das Ende.

An der Hitler-Jugend kann man das deutlich studieren: Da kaum je ein Kind von Natur aus gefühllos ist, gab es für die Kinder in der Hitler-Jugend eigentlich nur eine Möglichkeit: Da sie in dieser hochgemuten Erziehung zum Hochmut ihre Hoffnung auf Dauer aus der Verachtung der Untermenschen speisen sollten, mussten sie lernen, immer weniger genau hinzuschauen, was ihnen da so alles vor die Augen kam. Je älter sie wurden, desto weniger Wirklichkeitswert konnte die Außenwelt und die heimliche Wahrheit des eigenen Fühlens für sie haben. Dementsprechend wurden ihr Bewegtheiten immer unwirklicher, krampfhafter und inhaltsärmer. Durch diesen innerlichen „ich"-Schwund (Seelen-Schwund) dienten sie dem Regime.
Der Nationalsozialismus trieb seine Blüten nicht aus sich selbst, sondern aus dem diffusen und unerträglichen Fehlen von wirklicher Hoffnung in einer großen Menge von Einzelnen. Das ist ein sozialer Prozess zwischen Eltern und Kindern. Einer ganzen Bevölkerung fehlte der richtige Mut, wahrhaftig und ernsthaft subjektiv mit der Wirklichkeit in Beziehung zu treten. Es gibt niemanden, der ohne schwere Verletzung seiner Seele unmenschlich grausam ist. Die „blonde Bestie" entspricht nicht der gesunden

menschlichen Entwicklung, sondern ist ein Verstümmelungszustand als Folge der Angstkrankheit.
Dieser generalisierte Hoffnungsmangel aus allgegenwärtiger Angst ist keineswegs nur ein nationalsozialistisches Phänomen. Er ist das Ergebnis aus einem Jahrhunderte langsamen individuell-sozialen Prozess schleichenden Wirklichkeitsverlustes, der ungebremst bis heute weitergeht und sich immer noch weiter ausdehnt, indem er immer noch tiefer nach innen greift. 1995 ist die „Bestie“ nicht mehr blond, sondern zeigt alle Farben: Der Verstümmelungszustand als Folge der Angstkrankheit ist unpolitisch geworden. Unser Gegenwarts-Hitler heißt Sinnlosigkeit und bedroht ganz allgemein die Menschlichkeit des Menschen mit Deportation und KZ.

Ich möchte darauf aufmerksam machen, dass genau das gleiche innere Schwinden der Seele (Schwinden des „ich“) in der Gegenwart immer noch geschieht, ganz ohne äußeren Zwang. In unserer Fernsehkultur entsteht nicht *Brücke zwischen* wirklicher Welt draußen und wirklichem Ich-Sein drinnen in wirklicher Anteilnahme unter Einsatz der ganzen Person, sondern in zunehmender Verschwommenheit geteilter Aufmerksamkeiten gehen Welt und Wirklichkeit, Ich und Anteilnahme verloren. Pseudogefühle müssen die Leere verdecken, während die Angst wächst.
Das ist ein grundsätzlicher geistesgeschichtlicher Vorgang, dessen zeitlicher Rahmen viel weiter zu fassen ist, als wir gewohnt sind:
Hoffnung, als der schöpferische Prozess unserer wachsenden Menschlichkeit, geht „gegen den Strom“ unserer Ängste „aufwärts“ in Richtung Beziehungskraft Liebe. Er speist sich aus persönlichem Mut, lieber die eigene Sicherheit zu riskieren, als die Beziehungswahrheit von Sinnerleben und Wert zu verraten. Er führt mitten durch die Angst der Vereinzelung, weil er das „ich“ als Individuum aus dem Kollektiv aussondert. Er mündet unmittelbar in der „Quelle der subjektiven Sinnerfahrung aus Be-

gegnung“. Dort ist Wahrheit, Sinn und Hoffnung untrennbar eins in der lebendigen Beziehung zwischen Ich und Welt. Das ist „Leben“ und besteht aus wirklicher Liebe zu konkreter Wirklichkeit.
Dieser schöpferische Prozess Hoffnung ist ein geschichtlicher und ein sozialer und ein individueller Prozess wachsender Intensität. Quer durch die Jahrtausende der Menschheitsgeschichte legt er die immer gleiche Bemühung, in winzigsten Schritten „entlang der Liebe aufwärts“ eine Wachstumsbewegung des menschlichen „ich“ in Richtung Wachheit zu erreichen (Individuation). Sein Ziel ist „Geistes-Gegenwart der Anteilnahme an Wirklichkeit“.

Kontrastiert ist dieser schöpferische Prozess jederzeit vom gegenläufigen Prozess wachsender Auslöschung. Er ist genauso alt, genauso langsam, genauso geschichtlich, genauso sozial und genauso individuell. Er geht in winzigsten Schritten „mit dem Strom der Angst abwärts“. Er führt entlang dem Gefälle der Angstkrankheit zum Verstümmelungszustand der Menschlichkeit aus Mangel an Liebe. Seine Stationen sind markiert durch Kapitulationen vor der Bloßstellungsangst, ganz allein vor den Augen der Vielen als ein Einzelner dastehen zu müssen. Er wächst aus Mangel an Mut zum Eigenen und mündet in die Gleichgültigkeit, in Wertverlust und „ich“-Verlust. Er hat ein „Erlöschen“ zur Folge und weckt daraus Hass: Aus eigener Mangelerfahrung wird Beziehungswahrheit als Preis für den Pakt mit der Macht verraten. Dadurch verliert das subjektive Erleben seinen Sinngehalt. Um der Sicherheit willen werden kleine und große Kompromisse mit der Unmenschlichkeit gemacht, bis alle Wirklichkeit des Liebhabens und zuletzt überhaupt alles Eigenständige verloren geht. Das bedeutet vollständigen Sinnverlust, Beziehungsverlust und Hoffnungsverlust und ist in sich selber ganz unmittelbar „Quelle der Angst“, weil mit dem Wert der Wirklichkeit zugleich auch das „ich“ erlischt. „Niemand mehr da.“

Das Dritte Reich ist eine historische Kurzfassung für die Endstrecke dieses jahrtausendelangen gegenläufigen Prozesses der Entmenschlichung. Es ist selbst keineswegs eine isolierte Erscheinung der dreißiger Jahre in Deutschland, sondern die blitzhafte Verdichtung einer allgegenwärtigen Mangelkrankheit, die es gibt, seit es Menschen gibt. Heute ist sie ihrem Endstadium nahe. Ihre Wurzeln hat sie in der Angst des Ich vor der Menge draußen und vor der Einsamkeit drinnen – dementsprechend ist das Gegenmittel „individuell“: nämlich „jetzt und hier“ die Zivilcourage jedes einzelnen Menschen, zwischen drinnen und draußen ernsthaft und konsequent einerseits zur Wahrheit seiner subjektiven Erfahrung und andererseits zu wirklicher Anteilnahme am objektiven Sein anderer Menschen und der Welt überhaupt zu stehen. Diese Zivilcourage wiederum entsteht „sozial“: sie wächst den Kindern im Schutzraum der liebevollen Zivilcourage ihrer Eltern, die selber auch einmal Kinder von Eltern gewesen sind, denn der Wachstumsprozess „Individuation“ ist in seiner langsamen Ausreifung „geschichtlich“:
Durch die Geschichte geben die Menschen den geschichtlichen Sozialprozess individueller Weckung oder Aushöhlung des „ich“ weiter, von Generation zu Generation, jeder von uns ganz individuell, durch seinen persönlichen Umgang mit Liebe und Angst.
Das Dritte Reich ist die warnende Vorwegnahme des unausweichlichen Endes, wenn wir die Verstümmelungskrankheit des mangelnden Beziehungsmutes aus Mangel an Liebe in uns und zwischen uns so fortbestehen lassen, ohne dass wir sie erkennen und beenden, jetzt und hier, jeder einzeln, dort wo er steht, durch Einsatz der ganzen Person. Das Dritte Reich zeigt an, welche Ausmaße das Entsetzen annehmen muss, wenn der „ich“-Verlust das Innen der Menschen so aushöhlen darf, dass nicht mehr „ich“ genug da ist, die Unmenschlichkeit draußen zu erkennen, zu benennen und ihr Einhalt zu gebieten.

II.

Was heißt das konkret?
In Phänomenen wie „Null-Bock“ und Drogenanfälligkeit, in der Bildung von Gegenkulturen der Ausgrenzung (Sekten, Punker, Rocker, Softies, Gruftis oder wie immer) und auch in der erschreckenden Faszinierbarkeit junger Erwachsener durch selbstmörderische Extremsportarten (wie Bungee-Jumping), in der Verführbarkeit durch Rechts- oder Links- oder sonstwie-Radikalismen steckt genau die gleiche verheerende Unterernährung der Seele, die damals die schwärmerische Bereitschaft zu Hitlergruß und Fahnenweihe bewirkt hat. Was fehlt, ist die geistige Ernährung mit Werterfahrung und Sinn.
Beides mangelt der Jugend, weil die Eltern dieser Kinder auch schon an der gleichen Mangelkrankheit leiden. Das ist wie eine „sozial bedingte Rachitis der Hoffnung“ und deutlich an den gegenwärtigen Formen jugendlichen „Ausbrechens“ abzulesen. Denn darin steckt häufig keineswegs nur ein richtiges, wichtiges Ausprobieren der eigenen Kräfte, sondern unübersehbar auch ein beängstigend hoher Anteil von Kontaktabbruch, Wirklichkeitsüberdruss und Beziehungsverlust, also nicht Kräfte-Überschuss, sondern ihr Mangel. Besonders erschreckend ist, dass genau diese gleichen sonderbaren Mangelqualitäten anscheinend bereits im Kindergarten in zunehmendem Maß zu beobachten sind.

Was ist „Hoffnung“ praktisch? Ihrem Wesen nach ist sie Ausgriff auf Zukunft, fühlender, denkender, phantasierender Vorausgriff auf Wirklichkeit, die noch nicht ist. Ihre Handlungsgestalt ist „der Eifer“ und ihr Erscheinungsort ist „im Willen“ – Eifer und Wille sind das Energiezentrum des Ich –, d. h. die Fähigkeit zu wirklicher Hoffnung hat ganz direkt mit Ichstärke, mit konkreten Interessen und mit Tatkraft zu tun. Durch Anteilnahme an dem, „was mir wert ist“, eint sich die ganze Person („ich“) im kreativen Gestaltungsentwurf „so will ich es machen“.

Meist enthält Hoffnung praktisch ein Gemisch aus Wunsch und Erwartung, Täuschung, Anspruch und Illusion, aber auch einen Schuss von wirklichem Verstand für das Kommende. Es ist nötig, sich bewusst zu machen, dass unsere Fähigkeit zur Hoffnung eine Begabung ist, allerdings eine ziemlich unfertige Begabung, die auf Grund ihrer Unreife durch Illusionen und Fantastereien verdeckt ist, genau wie die Sprachfähigkeit des Kleinkindes ja auch durch Unfertigkeiten verdeckt ist. Sie ist der Anfang unserer Begabung mit Verstand für das Zukünftige und entwickelt sich, genau wie die Sprachbegabung auch, sozial, in der Interaktion mit den Eltern. Wirkliche Hoffnung entsteht nicht einfach von alleine, sondern dadurch, dass sie „mitgeteilt" wird, übermittelt und miteinander geteilt wird, genau wie sich Sprache entwickelt, indem die Mutter zum Kind spricht, um mit ihm zu sprechen. Wirkliche Hoffnung ist ein Bewusstseinsphänomen und also mit der Sprache verwandt. Sie hat die gleiche Entstehungsgeschichte:
Erst aus dem Miteinander mit andern erwirbt sich das Kind seine Sprache, in der es später seine ureigenste Sinnerfahrung ausdrücken wird. Würden die Eltern nicht mit ihm sprechen, bliebe das Kind stumm, auch für sich selbst, obwohl es doch die Begabung zum Spracherwerb mitbringt. Dieser mitgebrachte Antrieb läge brach – irgendjemand könnte also kommen und ihm eine sinnlose Pseudosprache beibringen wollen.
Mit der Hoffnung ist es genauso: „Die Hoffnung der Jugend" wird von den jungen Menschen als ein natürlicher Antrieb mitgebracht; aber eine sinnvolle Verstandessprache ihres persönlichen Hoffnungseifers wird erst im Umgang mit der Hoffnung der Erwachsenen daraus. Wo das nicht so geschieht, kann ein Hitler daherkommen und den brachliegenden Antrieb mit dem tödlichen Pseudosinn einer Scheinhoffnung aus Verzweiflungseifer füllen.

Unsere Sprache hat drei Wurzeln: eine physiologische Antriebswurzel aus der Natur, eine soziale Lernwurzel in der Beziehungs-

welt und eine kreative Ausdruckswurzel in der eigenen Subjektivität. Genau dieselben drei Wurzeln hat unsere Hoffnungsbegabung auch:
Was die Natur jedem Einzelnen mitgibt, ist Antrieb. „Die Entflammbarkeit" der Begeisterung war es, die Hitler missbraucht hat, mit viel Erfolg, weil alle Kinder sie mitbringen. Er konnte sie missbrauchen, weil bei der nächsten, der sozialen Lernwurzel, etwas fehlte: Damit Eifer in eigenständiger Hoffnung für wirkliche Zukunft brennen kann, ist er angewiesen auf Brennstofflager, die „seine Beständigkeit" nähren. Diese kommen nicht „aus der Natur", sondern „aus der sozialen Beziehungswelt"; sie werden dem Kind von seiner Herkunftsgruppe mitgegeben, als Vielfalt der Beziehungserfahrung Liebe. Daraus bilden sich die Bodenschätze der Werterfahrung in der Wesenstiefe, die später möglich machen, dass der Hoffnungseifer durch das ganze Leben nicht nachlässt. Wie zur Sprache der gelernte Wortschatz gehört, so gehört zur Hoffnung die gelernte Werterfahrung. Zur „Mit-Teilung" persönlicher Liebe gehört „innen" ein sehr subjektives Ich, das tief bewegt sein kann, so dass es „nach außen" eine starke Kraft der Anteilnahme aufbringt. Beides erfordert persönlichen Mut, und dieser entspringt aus der Verankerung in Gewissheit von Sinn. Dies alles wächst über Generationen, weitergegeben von den Eltern auf Kinder und Enkel; dies alles schrumpft auch über Generationen, bei Eltern, Kindern und Enkeln vom Mangel der Liebe, von Angst und Leere verzehrt.
Die Parole Mut war freilich im Dritten Reich groß geschrieben. Aber dass die Beziehungsqualitäten der Subjektivität und der Anteilnahme in geradezu absonderlicher Weise fehlten, verpönt waren und ausgemerzt wurden, kann man bei K. Theweleit, J. Fest und B. Bettelheim überzeugend nachlesen. Deshalb gab es nicht genug von den Bodenschätzen persönlich erfahrener Liebe in den Kindern von damals, um ihnen ein eigenständiges und gewisses, subjektives Werturteil zu ermöglichen, das in ihnen den dauerhaften Eifer wirklicher Hoffnung zum Brennen ge-

bracht hätte. (Positive Gegenbeispiele, wie Sophie Scholl oder Isa Vermehren und Etty Hillesum, machen sehr deutlich, worum es da geht.) So konnte die Nazi-Ideologie einen oberflächlichen Kollektivsteppenbrand aus Klischees entfachen. Wenn wir die verfügbaren Selbstzeugnisse Betroffener genau anschauen, waren zwölf Jahre Dauer leicht lang genug, um deutlich zu machen, wie unausweichlich das zum Erlahmen führt, zu einem Verkohlungszustand der Seele, der einem inneren Totsein entspricht. Eine fast lebensunmögliche innere Dürftigkeit wird erschütternd sichtbar – „ausgebrannt nach kaum zehn Jahren", statt „lebenslanges Brennen von Hoffnungseifer" bis ins Alter, bis ins Sterben.

Das individuelle Ziel endlich, der konkrete Inhalt für den eifrigen Einsatz der ganzen Person, kann überhaupt nicht „mitgegeben" werden. Wenn es ein wirklicher Wachstumsinhalt sein soll, muss er aus der emotionalen Mitte des Einzelnen hervorwachsen, subjektiv, als seine ureigenste Sinnerfahrung von wirklichem Wert, Liebhaben und Leben. Denn wie die fertig ausgebildete Sprache eines erwachsenen Menschen „Ausdruck seiner Person" ist, so ist seine fertig ausgebildete Hoffnung „Ausdruck seines Wesens".

Das genau ist es, was im Dritten Reich fehlte, fehlen sollte, fehlen musste und unter Todesstrafe verboten war. Dies Fehlen ist es, das eine Fortsetzungsgeschichte bis heute hat: Wir sollten sehr ernst nehmen, dass ein Zentralthema der modernen Science-Fiction-Literatur der Kampf des subjektiven Einzelnen gegen ein anonymes Kollektiv ist. 1995 ist der Nazi-Terror aus der politischen Szenerie der Geschichte in die soziale Szenerie der privaten Beziehungen eingewandert und bedroht dort die dauerhafte Zuneigung mit Auslöschung. Von dort aus hat er bereits begonnen, die individuelle Szenerie der höchst persönlichen Ich-Einsamkeit zu infiltrieren. Auf diesem unsichtbaren Schauplatz in der Wesenstiefe des Einzelnen tobt ein mörderischer Nivellierungskampf kollektiver Kräfte gegen die schwachen „ich"-Kräfte subjektiver Wertschätzung.

Wenn das Dritte Reich auf diesem individuellen Schauplatz ganz innen in jedem von uns Fuß fassen darf, wird das KZ zur allgemeinen sozialen Wirklichkeit und geht als das historische Ereignis des globalen Tötens in die Geschichte ein. Wir sind davon leider nicht gar so weit entfernt. Eigentlich muss man sagen: Es hat schon begonnen.

Das Phänomen Drittes Reich ist viel mehr als das bloße geschichtliche Ereignis 1933–1945. Es bebildert das allgemein menschliche Prinzip des Wirklichkeitsverlustes aus Versäumnis der Individuation: es verkörpert das Wirkprinzip, wie „dem Menschen" Ich und Welt verloren gehen, weil er nicht hinschaut, nicht Angst überwindet, nicht hoffen kann und nicht lieb hat. In die innere Sinnleere stellt äußere Gewalt einen Hitler als Pose der Macht. Dort wird er zum Gleichschaltungsbrennpunkt für die Vorstellungskraft aller. Damit hat Angst vor der Einsamkeit des Ich-sein-Müssens das kreative Potential im individuellen Herzen beseitigt. Mit Verführung und Drohung unterwirft Gewalt-aus-Angst sich Schwäche-aus-Angst. In das Fehlen der Liebe hinein wird so die Fremdbestimmung der Seele derartig vollständig erzwungen, dass nicht der kleinste Funken schöpferischer Subjektivität sich noch länger zu rühren wagt, ja, mehr noch: dass gar nicht mehr gewünscht werden kann, etwas Eigenständiges, Überraschendes und Neues hervorzubringen, von keinem Menschen, an keinem Ort. Denn wer so etwas will, „gehört nicht dazu" – und wer nicht dazugehört, „gehört getötet". Da wird „ich-Sein" zum sozialen Makel und Unmenschlichkeit zur historischen Großtat.
Was einzig erlaubt bleibt, ist tausendfältige Reproduktion des Gleichen: „Hitler, Hitler über alles ..." Von nun an bis in Ewigkeit nichts Neues unter der Sonne. Es ist nicht schwer zu sehen, dass sich daran seit 1945 nicht gar so viel geändert hat: Millionenfach stellt das Fernsehauge der Gleichschaltung die vorgefertigte Pose der Macht in den Brennpunkt der Vorstellungskraft, wer daran

nicht teilhat, „gehört nicht dazu". Die Angst vor dem Makel isolierter Subjektivität ist überwältigend groß. Sinnfällig wird das in den Fernsehwänden der Kaufhäuser: 30 gleiche Bildschirme zeigen 30-mal das gleiche Bild. Man muss sich klar machen: Das gefällt so! – sonst wäre es nicht für Reklamezwecke brauchbar. Wieso gefällt das?

Es ist unheimlich, wie exakt der Prozess „Nazi-Ideologie" die Umkehrung des kreativen Prozesses Hoffnung ist:
– Hat dieser seine Quelle ganz innen in der konkreten Genauigkeit einer persönlichen Liebe, so hat der andere seine Quelle ganz außen, in der Verwaschenheit allgemeiner Parolen und in der Anonymität unpersönlicher Gewalt.
– Gestaltet der schöpferische Eifer durch persönlichen Einsatz das Außen der Welt auf unerwartet neue Weise, so ebnet der Gefolgschaftseifer des Ichverlustes das subjektive Innen des Einzelnen bis zur schablonenhaften Gesichtslosigkeit („Niemand").
– Ist der Prozess Hoffnung einmalig in seinem jeweiligen Inhalt und allgemein menschlich in seiner Kraft, so hat der unschöpferische Verzweiflungsprozess Drittes Reich Allgemeinplätze an Stelle von Inhalten und seine scheinbare „Kraft" ist die Summe aus millionenfachem Fehlen der individuellen Kraft zur Eigenständigkeit in Einzelnen.
– Während uns der individuelle Wachstumsprozess äußerlich exponiert und gefährdet, macht er uns innerlich an Geist und Seele lebendig. In der Vereinzelung „ich" schafft er Verbindung zu allen. Während der „Nazi-Prozess" äußerlich Sicherheit in der Masse verspricht, macht er innerlich tot bis zur vollständigen, geistig-seelischen Stumpfheit. In der Gleichschaltung treibt er den Einzelnen insgeheim in äußerste Isolation von allem und allen, am tiefsten und tödlichsten von sich selbst.

Aus alledem folgt:
Historisch ist das Ende des Dritten Reichs zwar 1945 Ereignis ge-

worden, aber als soziale Wirklichkeit steht seine Beendigung immer noch aus. Sie ist mit den sozialen Mitteln der Allgemeinheit nicht erreichbar, weder durch Reformen noch durch Gesetzgebung und schon gar nicht durch Ideologien. Die Beendigung der Entpersönlichung kann nur individuell durch persönlichen Einsatz geschehen, denn die Beendigung des Wirklichkeitsverlustes geschieht nicht von allein und kann niemandem von außen gegeben werden, sondern sie wird von uns getan, von jedem einzeln und ganz innen, durch den einsamen und kreativen Prozess seiner wirklichen ich-haften Anteilnahme an dem, was wirklich vor seinen Augen geschieht. Das ist der erste Schritt. Obwohl er durch soziale Bedingungen der Gemeinschaft unterstützt und erleichtert wird, können diese unterstützenden Bedingungen der Gemeinschaft doch erst durch Menschen entstehen, die diesen individuellen Einsamkeitsschritt in die Verantwortung für ihr subjektives „ich"-Sein bereits getan haben. Erst von diesem winzigen individuellen Anfang her kann zunächst sozial und im Lauf der Zeit auch geschichtlich sichtbar werden, was „Überwindung des Abgrundes" ist. Dieser erste Schritt geschieht im Schweigen, trotz der Unmöglichkeit, in Dialog zu treten, durch die Anstrengung des einen Menschen, für die Sprachlosigkeit des anderen angemessene Sprache zu schaffen. Denn „der Abgrund", der da zu überwinden ist, ist der Abriss der gemeinsamen Sprache im Zerfall der Menschlichkeit:

In einer psychotischen Episode geht das „ich" verloren. In der Krankheit ist „niemand". Niemand aber kann nichts erzählen und Niemand kann man nichts fragen, denn Niemand „erlebt" nicht, weil Niemand nicht „ich" ist. Deshalb bleiben psychotische Episoden so schwer integrierbar, weil es so schwer ist, sie in gemeinsame Sprache einzugliedern.

Eine psychotische Episode endet vielleicht „von allein". Aber die heimliche Wirksamkeit der Brüche, die sie verursacht hat, endet nicht von allein, sondern erst, wenn diese Brüche überbrückt und verheilt sind, in einem aktiven gemeinsamen Prozess der Sprachbildung für das „Unsägliche". Sprachbildung geschieht in uns („in mir") und zwischen uns („miteinander"): wir müssen einander dabei helfen, jeder einzeln, indem er Worte sucht, die das Unaussprechliche aussprechen können – und einer dem andern durch furchtlose Fragen nach dem Namen der unnennbaren Angst, durch Hören des unsagbaren Fehlens und durch das Verstehen des unbegreiflichen Untergangs.

Hitlers Drittes Reich gleicht einer kollektiven Psychose. Sein „tausendjähriger Wahnsinn" hat einen Streifen Niemandsland aus gemeinsamem „ich"-Verlust von Eltern und Kindern in der Geschichte hinterlassen. Was in dieser Zeitspanne geschah, kann nicht genau angeschaut werden, nicht von den Betroffenen selbst und nicht von ihren Enkeln, weil es eine „unsägliche Zone" aus Realitätsverlust ist. Man kann danach nicht fragen wie nach einer „normalen Erlebniszeit". Erst wenn gewusst werden darf und gesagt werden kann, dass es eine Krankheitszone des Wahnsinns war, gibt es auch gemeinsame Sprachmöglichkeit, das Unsägliche zu umschreiben. Bevor das nicht ist, solange wir immer noch nach normalen Antworten auf normale Fragen warten, als ließe sich einfach erzählen, wie das war, was mit den Menschen damals vor sich ging, trennt das Neugierverbot die Jungen von der Wirklichkeit, weil die Alten nicht erlauben können, dass sie ganz genau fragen, hören und schauen. Die anonyme Angst aus dem Ichverlust lähmt Frage und Antwort, wenn wir den Mut nicht aufbringen, sie beim Namen zu nennen. Damit bleibt ein heimlich wirksamer Bruch mit der Wirklichkeit in dieser Enkelgeneration und allen folgenden wirksam und macht, dass das „ich" dieser kommenden Zeiten „wurzellos" ist: getrennt vom Verstehen der Vorfahren, muss es „wie vergangenheitslos" ganz von vorne beginnen. Ein solcher künstlich geschichtsloser Zustand bedeutet Verarmung, weil das lebendige „ich" einen Großteil seiner kreativen Kraft zur Schaffung nie da gewesener Strukturen der Hoffnung aus der Tiefe seiner lebendigen Vorzeit bezieht.

Vielleicht brauchen wir für diesen Prozess gemeinsamer Integration des Abgrunds ein erweitertes Menschenbild: eines, das um die Dimension der Barmherzigkeit und der Ohnmacht erweitert ist, um eine radikale Barmherzigkeit, die Opfer und Täter gemeinsam mit allen Nachgeborenen einschließen kann, weil wir die Ohnmacht der wirklichen Niederlage endlich begreifen. Furchtlos nach der Unmenschlichkeit der eigenen Eltern zu fragen, ist nur möglich, wenn beides gleichermaßen zu Einsicht wird:

– wie groß die Ohnmacht des „ich" vor den Entleerungsprozessen der Angst ist, und wie gleichermaßen wir alle zu allen Zeiten davon mit Verlust unserer Menschlichkeit bedroht sind – heute genauso wie damals im Dritten Reich, wenn nicht noch mehr;

– und wie sehr wir deshalb alle der Barmherzigkeit bedürfen, jeder von uns jederzeit, und auch der Hilfe, die einer dem andern geben kann und muss, wenn wir leben sollen.

Daraus erst wird begreifbar, dass kein Mensch ein Nicht-Mensch ist, auch der unmenschlichste Täter nicht, und wie haltbar die Liebe ist, wenn wir sie füreinander bewahren.

Weiß „ich", wie ich mich bewähre, wenn ein Hitler kommt, mit Fahnenweihe und KZ, mit äußerstem Machtrausch und äußerstem Terror? Weiß ich das jetzt schon, bevor es geschah? So groß wie unsere Ohnmacht muss unsere Barmherzigkeit sein, damit die zerrissene Sprache sich wieder zu gemeinsamer Hoffnung verbindet.

Das Kollektivphänomen Drittes Reich endet individuell: ganz wirklich überall da, wo einer sich aufrafft, ganz allein in sich für das, was er lieb hat, den lebendigen Eifer seiner Hoffnung mit beständiger Gestaltungskraft draußen auf die wirklichen Bedingungen und Menschen und drinnen auf die Intensität seiner eigenen Anteilnahme zu richten. Denn an dieser seiner Aktivität wirklicher Aufmerksamkeit endet die Selbstherrlichkeit, und damit das Nicht-Verstehen – und dort endet die Angst, und damit die Verführbarkeit durch die Posen der Macht.

Literaturhinweise

Zur Geschichtlichkeit des „ich"-Wachstums, zur Fortdauer des „Dritten Reichs" in der Gegenwart, zum „Integrationsprozess" Hoffnung und zum „erweiterten Menschenbild":
van der Post, Laurens: Das dunkle Auge Afrikas. Berlin 1982
Ders.: Das Schwert und die Puppe. Berlin 1984
Vermehren, Isa: Reise durch den letzten Akt, Ravensbrück, Buchenwald, Dachau: eine Frau berichtet. Reinbek 1990 (rororo 4533)
Gaarlandt, J. G. (Hrsg.): Das denkende Herz, die Tagebücher von Etty Hillesum 1941–1943. Reinbek 1993 (rororo 5575)

Zum Sprachbildungsprozess und seinem Abriss:
Lidz, Theodore: Familie und psychosoziale Entwicklung. Conditio humana, Ergebnisse aus den Wissenschaften vom Menschen, Frankfurt 1971
Bar-On, Dan: Die Last des Schweigens, Gespräche mit Kindern von Nazi-Tätern. Frankfurt 1993

Zum Aushöhlungsprozess der Ich-Entleerung und zum Schritt in die Ich-Einsamkeit:
Bettelheim, Bruno: Aufstand gegen die Masse. Die Chance des Individuums in der modernen Gesellschaft. Reihe Geist und Psyche, Frankfurt/M.
Ders.: Erziehung zum Überleben. Zur Psychologie der Extremsituation. dtv-Sachbuch, München 1985
Fest, Joachim C.: Das Gesicht des Dritten Reiches. Profile einer totalitären Herrschaft, Serie Piper 1842, München 1993
Theweleit, Klaus: Männerphantasien 1, Frauen, Fluten, Körper, Geschichte; Männerphantasien 2, Männerkörper, zur Psychoanalyse des weißen Terrors. rororo-Sachbuch, Reinbek 1980

Hitler – die Bedeutung eines Mythos

In aller Kürze möchte ich hier einen Gedanken umreißen, der die Auseinandersetzung mit dem Phänomen des NS-Staates in eine vielleicht ungewohnte Beleuchtung setzt: Ich möchte darstellen, wie und warum wir Nachgeborenen die historische Tatsache Nazi-Terror als ein sinnvolles und unersetzliches Signal begreifen können.
Ich gehe aus von der Grundvorstellung, dass die Entwicklung menschlicher Bewusstheit ein zusammenhängender Vorgang ist, an dem alle Menschen aller Zeiten und aller Orte Anteil haben (so dass die Fremdartigkeit einer entlegenen Kultur nicht anders und nicht grundsätzlicher von unserem eigenen Bewusstsein hier und heute geschieden ist, als die schwer zugänglichen Inseln früherer, fremd gewordener Phasen in unserer eigenen, privaten Biographie vom gegenwärtigen Ich geschieden sind).
So wie in der Seele eines einzelnen Menschen der schattenhafte Vorentwurf seines voll entfalteten Wesens von allem Anfang an schon mitgegeben ist, so ist die psychospirituelle Entwicklung der Menschheit in ihrem Gesamtumriss *final* bestimmt; d. h., die Weise ihrer Vollendung liegt als schattenhafter Vorentwurf immer schon auf dem Hintergrund des Menschheitsbewusstseins bereit (in allen Kulturen mehr oder minder gleich, als das Bild des außerordentlichen Menschen, des Vollendeten, des Weisen, des Schamanen, des Heiligen – wie immer es heißen mag).
Die Einbrüche neuer Ideen in das kulturelle Gleichgewicht einer historischen Zeitepoche sind nicht zufällig; sie sind auch nicht nur die zwangsläufige Wiederkehr lang unterdrückter Strebungen, sondern sind Zeichen andrängender Wachstumsimpulse – nicht anders, als im Leben des Einzelnen die Notwendigkeit seines Weiterwachsens als Unruhe, Sehnsucht und Aufruhr in das Gleichgewicht seines Alltags einbricht und ihn vorwärts treibt in Entwicklungen, die seinem bewussten Ich noch gänzlich unbe-

kannt sind. Am besten kennen wir das vielleicht als den Ansturm der Pubertät; weniger allgemein bekannt ist die Tatsache, dass ein solches Werden in Schüben lebenslang weitergehen will.
Die Gewalt dieser vorwärts drängenden Kräfte ist groß; entsprechend groß ist auch die Zerstörung, die sie anrichten, wenn sie verkannt werden. Viel psychische Not und physische Krankheit und so manches sinnlos vorzeitige Sterben hat zu tun mit der Unterdrückung dieser Werdekräfte.
Dieser zusammenhängende Vorgang Bewusstseinsentwicklung möchte etwas hervorbringen, was nicht von vornherein vorhanden ist: eine innere Haltung und Kraft, die den einzelnen Menschen befähigt, sich in Vereinzelung aus dem Kollektiv abzugrenzen und zugleich in höchst persönlicher Weise „gegenüberzutreten“, Beziehung aufzunehmen als Ich vor einem Du. (Das hat zu tun mit Individuation, Autonomie, Verantwortlichkeit, Freiheit der Entscheidung, Liebesfähigkeit und Geist.) Die mythischen Bilder, die einen Kulturkanon bestimmen, sind die Prägeformen, die Wachstumsmodelle für die zugehörigen Bewusstseinsstrukturen, die sich in und durch diesen Kulturkanon bilden möchten. Bevor ein neuartiger Strukturbildungsprozess in Gang kommt, entwirft sich der zugehörige Mythos als Wegebahner und Formbereiter aus der Zukunft schaffenden, vorwärts drängenden Kraft der unbewussten Psyche. (Für welche Art neuer Bewusstseinsstruktur der Mythos von „E. T.“, von den Marsmenschen, von Raumfahrt und Weltraumforschung der unbewusste Wegebahner ist, können wir derzeit höchstens ahnen, denn wir stecken noch tief in der mythischen Phase dieses Werdeschubs. Wenn wir sie leben lassen, wird eine spätere Generation den Klartext dafür finden und verwirklichen.)

In den letzten Jahrzehnten – nicht zuletzt durch die Katastrophe der Nazi-Zeit – ist unmissverständlich sichtbar geworden, wie zwielichtig und anfechtbar die individualistische Geistesentwicklung der westlichen Kulturen ist.

Allerlei Anläufe werden gemacht, in Anlehnung an östliche Kulturen, das Gefängnis des Egozentrismus zu sprengen. Dabei scheint nicht ausreichend klar, dass es für uns hinter unsere eigene Entwicklung *kein Zurück* geben kann: Eine einmal geschehene Individualisierung und Vereinzelung lässt sich nicht verlernen. Das einmal erwachte Ich-Bewusstsein kann zwar mit Gewalt vernichtet, aber nicht zurückgenommen werden. Im Gegenteil: Nach seiner eigenen Werdegesetzlichkeit muss es sich zuspitzen, *muss* sich immer deutlicher abgrenzen und schärfer differenzieren, bis es sich selber ad absurdum führt.

Oder? – Gibt es ein Oder?

Die Individuation findet ihr Ziel, wenn sie in Beziehung mündet, und das ausdifferenzierte Ich wird ganz fertig in seiner Fähigkeit, sich aktiv selbst zu überwinden, um dieser Beziehung zum Du willen.

Sich selbst – aktiv – zu überwinden heißt: Dieser Schritt über die eigenen Grenzen hinaus in eine neue geistige Struktur der Begegnung ist nicht mehr natürlicher Wachstumsprozess, der sich mehr oder weniger unbewusst, quasi von allein vollzieht, sondern selbst verantwortete, selbst beurteilte, wissende Handlung des Ich.

Insofern ist dieser Schritt anders als alle vorangegangenen. In allen Kulturen lässt der Mythos vom außergewöhnlichen Menschen keinen Zweifel daran, dass es eine geheimnisvolle, gefährliche und schwierige Aufgabe ist, dieses andere, aktive, wissende Wachstum aus dem Ich in den Geist wirklich zu vollziehen. Sie ist gebunden an die Urteilskraft, den Mut und die ethische Stärke des Ich, das ganz allein den schmalen Weg zwischen täuschender Verlockung und scheinbar hoffnungsloser Niederlage finden muss. Es ist eine Aufgabe aktiver Wahl und bewusster Entscheidung.

Wer wählen und entscheiden will, muss wissen, *was* er wählt, *wofür* er sich entscheidet.

Und nicht nur das. Genauso wichtig ist, dass er erkennen kann, was er *nicht* wählen will und wovon er sich durch seine Entscheidung scheidet. Um gezielt handeln zu können, muss er erkennen, worin sich sein wirkliches Ziel unterscheidet von allem Ähnlichen, das es doch *nicht* ist.

Wenn die finale Bedeutung des Mythos ist, für das noch ungewordene Bewusstsein als Wegbereiter Entwürfe kommender Strukturbildung aus dem Unbewussten bildhaft zu erschaffen, so ist die finale Bedeutung des nationalsozialistischen Mythos vom tausendjährigen Reich Deutscher Nation die paradoxe Bebilderung des Anti-Werdens.

Leider ist das, was ich sagen möchte, so komplex und schwer zu fassen, dass ich schmerzhaft an die Grenzen meiner Sprache stoße. Ich denke, dass die Faszination, mit der Adolf Hitler derartige Menschenmassen in seinen Bann ziehen konnte, alleine schon Beweis genug ist, dass er nicht nur als er selbst – als der alltägliche, psychologisch mehr oder minder verständliche, mehr oder minder pathologische Mensch – auf der Rednertribüne stand, sondern dass er unterstützt und getragen war von der ungeheuren Energie der mythischen Figur (des Archetypus) der *„Schalenseele"*, zu deren Protagonisten er vollständig geworden war. Ich wähle diesen Ausdruck „Schalenseele" als bildhaftes Kürzel für einen hoch komplizierten psychischen Sachverhalt: für das Ergebnis einer Entwicklung, die in allen Stücken das genaue Negativ des Individuationsprozesses ist: nicht Zentrierung, Stabilisierung, Konzentration und Vereinigung der Gegensätze zu höherer Einheit, sondern Wendung nach außen, Fremdbestimmung, Zerstreuung und Spaltung in immer kleinere, immer weniger selbständige Splitter.

Dass Hitler und alle seine Helfer, alle seine Mitläufer und seine Opfer für uns und die ganze übrige Welt dies absurde und grausige „Drama der Schalenseele" dargestellt haben, halte ich für die einmalige, unersetzbare Chance für unser Begreifen: Wir dürfen darin sehen, was seinem Wesen nach unsichtbar ist, und erkennen, was nicht erkannt werden kann, weil es keine Form hat. Die Millionen wehrloser Opfer in den Konzentrationslagern markieren durch die positive Kontur ihres Leidens den Umriss der Leere,

den gähnenden Abgrund der Negativität, die Hohlheit der Schalenseele – *damit wir sie wiedererkennen,* obwohl sie unsichtbar ist, damit wir sie aufzuspüren lernen, wo immer sie auftreten will, obwohl ihre Spur einzig das Fehlen ist, obwohl sie auftritt nicht als „etwas", sondern als „nicht –".
Das Böse hat eine grauenhaft wirkliche Gewalt, obwohl es das Abstrakteste aller Abstrakta ist: das Nicht-Seiende, die Leere, der Strukturverlust der Seele, die Entleerung des Ich.

In seinem Buch „Erziehung zum Überleben" schreibt Bruno Bettelheim: „Der ausweglose Abgrund mit seinem unvorstellbaren, mörderischen Terror, der Abgrund der Todeslager – das sind die zerstörerischen Möglichkeiten des Menschen, in die Tat umgesetzt." Bettelheim betont als das ganz Außergewöhnliche und Ungeheuerliche am Nazi-Terror, dass er der *systematische, gezielte und folgerichtige Angriff auf die Autonomie und Integration des Menschen* war. Denn das totalitäre Denken der Neuzeit, das in Hitlers Ideologie exemplarisch vertreten ist, hat die Vernichtung, Auslöschung und Einebnung des Individuums zum Ziel.
Das Mythen schaffende Tiefenwissen der unbewussten Menschheitspsyche weiß das – und bringt den Mythos vom „letzten Menschen" hervor, der, belacht und verfolgt als ein gefürchtetes Kuriosum, seinen aussichtslosen Heldenkampf gegen die entseelte Massengesellschaft ferngelenkter Robotergeschöpfe kämpft. (So in George Orwells „1984", in Aldous Huxleys „Schöne neue Welt" und in der uferlosen Science-Fiction-Literatur vom Krieg der Raumschiffe und von der Invasion der Erde aus dem Weltraum.)
Ich denke, dass die „Invasion", der wir uns stellen müssen – nicht auf der Kinoleinwand, sondern schrecklich wirklich in unserem eigenen Alltag – nicht aus dem äußeren Weltraum droht. Die perfektesten Radarnetze können uns nicht davor schützen. Dieser Weltraum bedroht uns von innen und seine Kälte dringt durch die Lücke des fehlenden Ich in die Seele. Denn das Wachstum des NICHT im Menschen geschieht unmerklich, schleichend, aus nich-

tigsten Anfängen, die eben *nicht* Anfänge sind, sondern Auslassungen, Fehlen, Versäumen, kaum spürbares Nicht-Aufgehorcht-Haben, Nicht-Reagiert-Haben, so klein und banal, dass es lächerlich scheint, einen Gedanken darauf zu verschwenden.

Im Dritten Reich Hitlers haben wir eine so perfekte, lückenlos vollständige, systematisch konsequente Darstellung der Anatomie der Schalenseele, wie sie uns wohl kaum ein zweites Mal vor Augen geführt werden wird. Freilich gibt es genug Gewalttat auf der Welt, jetzt und immer wieder – aber meist überlagern Chaos und Leidenschaften mit Resten verstehbaren menschlichen Fühlens dieses abstrakte Maskengesicht des Nicht –, so dass wir seine Feinstruktur nicht sehen können. Menschen bleiben immer menschlich, selbst Eichmann und Ilse Koch bleiben psychologisch irgendwie einfühlbar. Aus der Rekonstruktion ihrer Kindheit werden ihre Ängste begreifbar, und wie verwundet sie selbst sind. Was dabei unsichtbar bleibt, ist die Schreckensherrschaft des Nicht, unter die sie geraten sind.
Die unterlassene Integration gewinnt selbst eigenständige Kraft des Bösen und die versäumte Individuation führt zum Ich-Verlust, so dass ihr Träger zur willenlosen Marionette der Zerstörung wird. Das ist Hitlers Mythos und erst, wenn wir das aus der Vergangenheit gelernt haben werden, ist 1938 sinnvoll in unsere Zukunft eingebaut.

In seinem Aufsatz „Holocaust – eine Generation später" wendet sich Bruno Bettelheim mit leidenschaftlichem Engagement gegen jeden Versuch, die Leiden der Opfer des Nazi-Terrors in ein Sinngefüge einzuordnen. Für ihn ist es Entwürdigung der Wehrlosen, wenn wir nachträglich in die anonyme Zufälligkeit ihrer Ermordung eine tiefere Bedeutung hineingeheimnissen wollen. Schon die Wortwahl „Holocaust" als Bezeichnung für die Massenvernichtung ist ihm Zeichen einer halb bewussten Sinnverschiebung in dieser Richtung. Er schreibt (gekürzt):

„Diesen gemeinen Massenmord als Holocaust zu bezeichnen, bedeutet keineswegs, dass hier ein besonderer Name gefunden worden ist, der dem Bezeichneten seine negative Einzigartigkeit belässt und es allmählich mit Gefühlen besetzt, die dem bezeichneten Ereignis angemessen sind.
‚Holocaust' bedeutet ‚Brandopfer'. Dieses Wort ist ein Wort aus der Sprache des Psalmisten ... Ich glaube, wir betrügen uns selbst, wenn wir die Opfer der Nazis als Märtyrer und Brandopfer bezeichnen. Damit verfälschen wir ihr Schicksal.
Die Nazis haben alles getan, um sicherzugehen, dass niemand glaubte, ihre Opfer würden wegen ihres Glaubens ermordet. Millionen von Juden und zahllose andere ‚Unerwünschte' wurden systematisch abgeschlachtet ..., weil sie der Verwirklichung einer Illusion im Wege standen. ... Sie starben nicht *für* ihre Überzeugung und auch nicht *wegen* ihrer Überzeugung ... Diese elenden Opfer einer mörderischen Wahnidee als Märtyrer oder Brandopfer zu bezeichnen, ist nichts anderes als eine Verzerrung der Realität mit dem Ziel, sich einen, wenn auch kläglichen Trost zu verschaffen. Der zugrunde liegende Gedanke ist der, dass dieser Massenmord, der nicht bösartiger hätte sein können, eine tiefere Bedeutung gehabt haben müsse ... und dass die Opfer irgendwie ... Opfer im Namen einer höheren Sache gewesen sind. Das aber beraubt sie der letzten Würde, die ihnen zusteht, der letzten Würdigung, die wir ihnen zuteil werden lassen können."

Bettelheim fordert, dass wir nicht assimilieren, was nicht assimilierbar ist. Er verlangt als unser angemessenes Gedenken, dass wir das Sinnlose als sinnlos unbegriffen lassen – dass wir die Würdelosigkeit des Zugrundegehens und die Zufälligkeit des Überlebens so stehen lassen sollen, wie es war –, weil jeglicher Versuch einer Umdeutung ein Unrecht an den Opfern ist. Dieses Morden war wahllos, sinnlos und anonym, und so sollen wir es im Gedächtnis behalten. Er schreibt:

„Die Überlebenden sind erbittert und hilflos zugleich, wenn Leute, die nicht den geringsten Schimmer von ihren damali-

> gen Erlebnissen haben können, daher kommen und eingehend darlegen, worum es sich bei diesen Erfahrungen handelt und wo ihre wahre Bedeutung liegt."

Er zitiert Elie Wiesel:

> „Diejenigen, die diese Erfahrungen nicht durchgemacht haben, haben keine Ahnung ... Auschwitz bedeutet den Tod, den totalen, absoluten Tod, den Tod des Menschen, den Tod aller Menschen, den Tod der Sprache und der Phantasie, den Tod der Zeit und des Geistes ..."

Ich beuge mich dem. Es ist wahr, dass ich keine Ahnung habe. Und trotzdem: Wir, die wir viel später leben, *müssen* interpretieren, integrieren, assimilieren, begreifen, weil wir anders nicht wachsen können. Es geht uns da als Gesamtheit in unserer Geschichte nicht anders als dem Einzelnen in seiner privaten Biographie: Eine sinnvolle Gestaltung von Zukunft wird erst möglich, wenn die Kontinuität der Entwicklung wiederhergestellt ist. Wurde sie zerrissen durch irrationale, unpersönliche Einbrüche (beim Einzelnen nennen wir das Psychose), muss auch diese finsterste Episode der Vergangenheit so umgriffen und abgegrenzt werden, dass sie als Glied in der Kette richtig benannt und eingeordnet werden kann. Das Ich muss ihr gegenübertreten können, sie anschauen und bewerten, sonst bleibt sie als Todeszone in der Seele liegen und schneidet alle Zukunft vom Leben ab.

Bettelheim beginnt seinen Aufsatz:

> „Meine Aufgabe ist es nicht, mich mit den Toten zu beschäftigen, sondern mit den Lebenden. Diese Generation (der Nachgeborenen) sollte die Bedeutung des Holocaust nicht verzerren ..., weil für den Menschen von heute in diesem Holocaust eine *Warnung* enthalten ist."

Diese Warnung ist es, in der ich den finalen Sinn des NS-Terrors sehe: Hitlers tausendjähriges Reich ist der Mythos des Ich-Verlustes und bebildert für uns sehr anschaulich das Wirken des absolut

Unanschaulichen: das anonyme Nicht-Gesicht der verlorenen Subjektivität.

Hitler – wozu? Damit wir begreifen, was seinem Wesen nach weder Begriff noch Bilder haben kann: die Bosheit des NICHT, die abgründige Grausamkeit des Fehlens.
Welche Form hat die Leere?
In der „Unendlichen Geschichte" beschreibt Michael Ende, dass man das „fressende Nichts" nicht anschauen kann. Es ist weniger als Blindheit, es ist *nicht* – das ist über allen Ausdruck entsetzlich.

Das Nicht-Seiende ist für uns in keiner Ebene der Existenz begreifbar. Der leere Fleck auf der Landkarte findet seine Form einzig durch die Gestalt des umgebenden bekannten Gebiets.
Unsere Vorstellung ist – wie unsere gesamte psycho-physische Existenz – *positiv*, weil wir *sind*, und nicht *nicht-sind*. (Aus der Bemühung um suizidale Patienten wissen wir, wie wenig wir fähig sind, den Tod als Nicht-Leben zu denken, und wie wir ihn immer umdeuten in ein Leben anderer Art.)
Das paradoxe Vorhandensein des Fehlenden ist unserem bildhaften Denken so vollständig entzogen, dass wir kaum in der Lage sind zu ahnen, mit welcher mörderischen Kraft es wirklich ist.
Schon seit Plato und Aristoteles plagt sich die Philosophie mit der Idee, dass das Böse das Fehlen des Guten sein könnte, ein Nicht-Vorhandenes, das in sich selbst kein positives Dasein hat. Komischerweise ist diese Idee als eine Bagatellisierung des Bösen missverstanden worden; wahrscheinlich deshalb, weil wir die grauenhaft abstrakte Wirklichkeit des Fehlenden nicht denken können.
In der Religions- und Philosophiegeschichte gab es viel Streit darum, ob das Böse real sei oder bloß eine Abwesenheit des Guten.
Das Wörtchen „bloß" enthält den ganzen Irrtum.

Klaus Theweleit hat in seinen „Männerphantasien" eine ausgezeichnete Anatomie der Schalenseele gezeichnet. Ich zitiere aus dem ersten Band eine Stelle über die Sprache der NS-Schriftsteller:

> „Sich klar zu machen, was diese Sprache *nicht* kann, ist aufschlussreich: Sie kann nicht beschreiben, nicht erzählen, nicht darstellen, nicht argumentieren. Eine sprachliche Haltung, die das Eigenleben ihres Gegenstandes ernst nimmt, ist ihr fremd. Sie *benutzt* die genannten Haltungen – des Erzählens etwa oder des Argumentierens – aber als *tote Hüllen.*"

Der ich-entleerte Mensch kann nur in Szene setzen – sich selbst als einen Erzählenden z. B., denn er ist nicht selbst, sondern nur durch sich als sein Publikum (durch das Außen um ihn herum – durch die Schale). Er kann die Haltung des Erlebens einnehmen, um sich so als einen Erlebenden darzustellen. Da seine Subjektivität in Schmerz und Freude, sein lebendiges Ich, in ihm abgestorben ist, kann er nicht authentische Gefühle als den lebendigen Inhalt seines Herzens hervorbringen, sondern ausschließlich leere Ausdrucksfragmente, die toten Schalen seines erstorbenen Innen.

Der Prozess der Individuation findet in uns statt, so dranghaft, unaufhaltsam und gewalttätig wie der Reifungsschub der Pubertät. Wenn er über uns kommt, während das Ich fehlt, bringt er nicht Geist hervor, sondern Ungeist; aus der psychischen Schwangerschaft mit dem Selbst entsteht eine Blasenmole der Seele, die fressende Tumorwucherung des anonymen Klischees „man". Hitlers Staat und Ideologie bebildern das konsequente Gegenstück des Individuationsvorgangs: Will dieser einen unzerstörbaren ichhaft individuellen psychischen Kern hervorbringen, so will die Nazi-Ideologie eine unzerstörbare schablonenhafte Schale erzeugen – statt der nüchternen Festigkeit subjektiv-eigener Verantwortung die grandiose Leere enteigneter, anonymer Gefolgschaft.
In ihrer Absurdität ist diese Zielsetzung kaum nachvollziehbar: Die Lust des Werdens wird umgepolt in den Rausch des Ich-Verlusts, das Ziel des Einzelnen wird, in der Allgemeinheit unterzugehen, und unter Todesstrafe verboten ist alles, was ichhaft gefühlt, eigenständig, wahrhaftig und individuell verantwortet ist.

Wir können sicher sein, dass diese Verkehrung aller Werte uns in Zukunft mehr und mehr, unter den verschiedensten Gestalten, aus allen Bereichen unseres Lebens entgegentreten wird. Wehe uns, wenn wir nicht gelernt haben, sie zu erkennen, *noch bevor* sie in uns wirksam wurde. Denn wenn sie erst begonnen hat zu wuchern, gibt es kein Zurück.

Das kleine Büchlein von Charlotte Beradt, „Das Dritte Reich des Traums", ist voll von der ausweglosen Unheimlichkeit dieser Allgegenwart des NICHT. Es ist leider vergriffen. Ich wollte, wir könnten es alle lesen, weiterverbreiten, darüber grübeln und versuchen, seine verborgene Botschaft zu verstehen: dass nämlich die Gegenmaßnahmen gegen die auflösende Kraft des Ich-Verlusts *nicht außen* zu finden sind, sondern in uns, in der feinen, unglaublich genauen Wegweisung durch unsere subjektiv eigensten Steuersignale der Träume, die uns den unsichtbaren Pfad der Individuation sichtbar in die Zufälle des Alltags malen.
Nie wieder werden wir vielleicht Anschauungsmaterial von dieser Deutlichkeit bekommen, denn das Böse zeigt sein unverhülltes Antlitz nicht beliebig oft. Wir werden ihm nur wirksam begegnen können, wenn wir erkannt haben, wie nichtig, wie heimlich, unscheinbar und schleichend es beginnt, und wo: in mir nämlich, in dem, *was ich nicht aktiv* und wissend fasse und verantworte – als *mein.*
Charlotte Beradt berichtet Träume der verschiedensten Menschen. In ihnen spiegelt sich die Zerstörungskraft des Terrors und der Angst, aber – wenn man genau hinschaut – auch die potentielle Widerstandskraft des aufmerksamen Herzens.
Zum Abschluss möchte ich zwei dieser Träume zitieren: Ein Bankbeamter, als Jude entlassen, träumt 1946 in Berlin, dass er auswandert, dass es ihm gut geht im neuen Land, dass er wieder auf einer Bank arbeitet, vorwärts kommt, sich seine erste Ferienreise leisten kann: „Ich mache eine Bergbesteigung mit einem Führer. Und dann geschieht es, auf dem höchsten Gipfel. Der Führer wirft

Cape und Kapuze ab und steht vor mir in voller SA-Uniform."
Der andere Traum stammt von 1960, die Träumerin war zur Hitlerzeit ein Kind und ist mit der Vergangenheit des Dritten Reichs weder durch Angst noch durch Schuld verbunden.
Sie träumt, dass ein harmlos aussehender Herr sie nach dem Ausweis fragt: Er richtet sich auf, wird immer größer, sein Anzug ist nicht mehr irgendein schwarzer Anzug, sondern *der* schwarze Anzug, Abzeichen funkeln und blitzen.

> „Er schlägt mir ins Gesicht, rechts und links, und wiederholt: Den Ausweis! und ich sage: Nein, nein; und dann sagt er: Ohnehin überflüssig. Wir kennen Sie und wissen, was und wer Sie sind – und schlägt mich wieder. Und er packt meine Hände und bindet sie mit der Kette des Fahrstuhls.
> Und ich sage, mehr zu mir selbst, leise und traurig: Ich hatte gehofft, ich würde euresgleichen sofort erkennen können, wenn ihr das nächste Mal kommt. Dass ich es *nicht konnte,* ist meine Schuld.
> Dann fange ich zu schreien an, klammere mich wie ein normales menschliches Wesen an die verzweifelte Hoffnung, dass jemand kommen und mir helfen wird, wenn ich schreie. Aber ich *weiß,* dass nun niemand mehr kommen kann, nie wieder."

Diese Nazi-Schergen, die unvermutet ihre Verkleidung abwerfen, sind nicht nur außen, sind nicht andere Menschen, sind nicht fremde Bosheiten: Es ist die Darstellung unserer eigenen, tief innersten *Passivität, Anonymität und Gefühlsdumpfheit.* Denn der Ausweis, den sie verlangen, ist der *Name*, die individuelle, subjektiv einmalige Identität, der unzerstörbare Kern der Psyche, das Ich. Diese persönliche Identität wird unerbittlich von uns eingefordert werden, weil die Veränderung unseres geistigen Horizonts unaufhaltsam über uns hereinbricht. (Von daher bezieht auch die New-Age-Bewegung ihre Faszinationskraft. Es geht um die Unterscheidung der Geister: Ich denke, ein pauschal-anonymer Materialismus gehört ganz genauso zu den Erscheinungsformen des NICHT wie ein pauschal-anonymer Spiritualismus, der sich an magisch-esoterischen Phantasien von Macht und Machbarkeit genauso berauscht wie die Hitler-Jugend an den Phantasien von der germanischen Herrenrasse.)

Die Unterscheidung der Geister ist einfach zu begreifen und schwer zu vollziehen: Die Beziehung zum anderen Menschen, wer und wie immer er sei, ist der untrügliche Prüfstein, ob ich mich mit meinem Verhalten jetzt und hier auf die Seite des Bösen und der Zerstörung stelle oder nicht.
Diese Unterscheidung immer und immer wieder zu treffen und ihr entsprechend zu handeln, *ist der Weg unserer Individuation.* Es ist ein schmaler und steiniger Weg – ich denke, die Traumbilder vom Ersteigen des Berges erzählen letztlich davon. Wer sich aber auf dem Gipfel des Berges findet, ohne seinen Führer zu kennen, der muss vielleicht entdecken, dass er sich dem Falschen anvertraut hat. Dann wird ihm die Kette des Fahrstuhls die Hände binden. Denn seinen Ausweis bekommt keiner, der sich passiv im Fahrstuhl der Entwicklung aufwärts tragen lässt.
Identität erwirbt sich nur, wer Schritt um Schritt in eigener Kraft und Anstrengung die Stufen aufwärts steigt. Dass wir das begreifen können, ist der finale Sinn des Mythos vom Dritten Reich.

Literaturhinweise

Bruno Bettelheim, „Erziehung zum Überleben“, dtv-Sachbuch, 1982
Bruno Bettelheim, „Aufstand gegen die Masse“, Geist und Psyche, Frankfurt/M.
Charlotte Beradt, „Das Dritte Reich des Traums“, suhrkamp-tb 697, 1981
Klaus Theweleit, „Männerphantasien“ Bd. I u. II, rororo-Sachbuch 7299, 1980

Emanzipation – wohin?

Vom Mann in der Frau und der Frau im Mann

Eine wirkliche, sinnvolle, kreative „Emanzipation der Frau“ ist ohne wesentliche „Emanzipation des Mannes“ nicht möglich. Wenn die Frau sich traut, „ihren Mann zu stehen“, muss der Mann sich trauen, „Seele zu haben“, denn wie die Frau ihre Kompetenz für die Außenwelt ergreift, muss der Mann seine Kompetenz für die Innenwelt ergreifen, damit sie *beide* zu „ganzen Menschen“ werden – sonst geht jede Beziehungsmöglichkeit zwischen beiden verloren. Das Vertrackte daran ist, dass beides eng miteinander verknüpft ist: die Frau braucht(e) die Hilfe des Mannes zum Erlangen der vollen Selbständigkeit so nötig, wie nun der Mann die Hilfe der Frau braucht, um „seine weibliche Seite“ anzuerkennen und mitleben zu lassen. Denn *wir brauchen einander*, der Mensch braucht den Menschen, um ganz menschlich zu werden.

Ich denke, dass Ihnen das einerseits ganz einleuchtend sein wird, dass es aber andererseits vielleicht doch auch schwer verständlich ist, viel Widerspruch hervorruft, möglicherweise sogar Ärger und Kränkung. Es wird nötig sein, näher zu erklären, was ich damit sagen will.
In einem Aufsatz zum Thema „Die Sinnlichkeit des Sinns – neue Sensibilität und neuer Holismus“ (in: „Suche nach Sinn heute“, Zürich 1990) schrieb Günther Schiwy:

> „Die Zeitwende, das beginnende neue Zeitalter, ist in der Tat gekennzeichnet durch einen Aufstand der Sinne gegen die Entsinnlichung der Welt, die im politischen und wirtschaftlichen Totalitarismus endet. Dieser Aufstand wird jedoch keine Befreiung der Sinnlichkeit und des Sinnes bringen, wenn er nur *in einer neuen Einseitigkeit mit umgekehrten Vorzeichen* Bauch gegen Kopf, Natur gegen Kultur, Irrationalität gegen Rationa-

lität, Frau gegen Mann setzt. Das wäre nicht neue Sensibilität, sondern primitiver Sensualismus, nicht neuer Holismus, sondern alter Totalitarismus, indem der Teil für das Ganze ausgegeben wird. Bei allem Verständnis für experimentelle Exzesse der Sinnlichkeit und die provokatorische Absicht, die oftmals dahinter steckt: heilende Wirkung scheint mir nicht auszugehen von mancher Kunst-, Bühnen- und Filminszenierung, auch wenn berühmt-berüchtigte Regisseure dafür verantwortlich zeichnen. *Brutalität* auch im Namen der neuen Sensibilität bleibt Brutalität und *stiftet keinen Sinn.* Man kann den Teufel nicht mit Beelzebub austreiben."

Er meint damit: Wir müssen aufmerksam prüfen, auf welche Weise wir die „Emanzipation" betreiben, was wir uns darunter vorstellen, und wie wir „dem Weiblichen" Geltung verschaffen. Denn wenn statt eines hilfreichen und konstruktiven Neuansatzes unter Erweiterung des Denk-Horizontes einfach im unveränderten alten Rahmen ein Umkippen ins Gegenteil geschieht, ist damit gar nichts gewonnen. An die Stelle der erstarrten Begrifflichkeit eines einseitigen Verstandesdenkens („männlich") tritt dann eine Art „Verflüssigung aller Strukturen" in ebenso einseitiger Irrationalität („weiblich"). Das alte Spiel mit der Macht geht dann einfach mit umgekehrten Rollen weiter. Denn ob nun nur die Männer oder nur die Frauen das Sagen haben, ob „nur aus kühlem Kopf" oder „nur ganz aus dem Bauch" entschieden wird: unter sehr verschiedenen Erscheinungsformen herrscht in beiden Systemen gleichermaßen die Gewalt der Spaltung, Verachtung, Unterdrückung, Despotie und Feindseligkeit. Sie stiftet auf vielerlei Weisen immer das Gleiche: Krieg.

Wenn ich in der Überschrift die Frage stelle: „Emanzipation – wohin?", dann meine ich damit, was Günther Schiwy da ausspricht: dass nämlich der Aufbruch der Frauen letzten Endes nur dann etwas Sinnvolles bringen kann, wenn er *über das Bisherige hinausgeht,* wenn er etwas grundsätzlich Neues mit sich bringt, aus dem heraus *mehr* und *anderes* geschieht als nur ein einfacher Umschlag der bisherigen Verhältnisse in ihr Gegenteil. Denn auch wenn „die Frauen" gegenüber „den Männern" zu Recht „gleiche Rechte" beanspruchen, genügt das doch nicht, wenn währenddessen alles Übrige einfach so bleibt, wie es jetzt ist. Damit wir nicht bloß unter neuer Flagge neue und andere Formen von Krieg erfinden, muss etwas hilfreiches Neues dazukommen, das unser aller Denken und unsere Motive grundlegend verändert.

Es geht da ganz grundsätzlich um KREATIVITÄT:
Sie ist es, die uns wesentlich vom Tier unterscheidet; nicht so sehr die „handwerkliche" oder „künstlerische Kreativität", die wir so hoch bewerten – als vielmehr die „Wesenskreativität", die uns erlaubt, lebenslang zu lernen, uns zu wandeln und in lebendiger Beziehung zu stehen. Sie ist es, die uns „in Seele und Geist lebendig" erhält bis in den Tod.
Das Tier ist bestimmt durch seine Instinktmuster und ist „fertig" in seiner Wesensart. Es muss nicht „tiefer zu sich kommen", um „ganz bei sich" zu sein. Es muss und kann nicht „über sich hinausgehen".
Bei uns ist das anders: Wir sind daraufhin angelegt „weiterzuwachsen", indem wir „über uns hinausgehen", und das „Sich-Überwinden" gehört wesentlich zum „Bei-sich-Ankommen". Der eigentliche Ort unserer permanenten Kreativität ist in der BEGEGNUNG. Je wirklicher „ich in Beziehung trete" zu anderen Menschen, zu Situationen, zu Dingen, zum Leben, zur Tiefe in mir, desto „kreativer" ist jeder einzelne Augenblick. Denn jede aufrichtige Beziehungsantwort ist „neu", unwiederholbar, nur jetzt, nur hier, nur so ganz passend. Routine, fertige Verhaltensmuster haben darin keinen Platz.
Diese Fähigkeit des Menschen, „in jedem Augenblick ganz neue, erstmalige, einmalige Antwort zu geben", ist etwas Neues in der Natur. Diese beziehungsschöpferische Kraft ist die Quelle unserer „menschlichen Freiheit" und unsere kostbarste Mitgift.

Zur Voraussetzung hat sie in uns eine *Verdoppelung der Welt:* dass wir nämlich in unseren Köpfen die ganze Welt noch einmal tragen, und zwar *vollständig*, die Kreativität mit eingeschlossen. Denn in dieser zweiten, geistigen Welt gibt es „gleichnishaft" auf einer anderen (psycho-spirituellen) Ebene ebenfalls „unsere Fruchtbarkeit", so wie sie auf der leiblichen Ebene in der äußeren Welt unsere Körper fruchtbar macht. Es gibt da ebenfalls die polare Begegnung zwischen „Männlich" und „Weiblich", die PAAR-Beziehung, die Zeugung von neuem Leben und die (geistige) „Geburtenfolge" von Reifungs-Generationen. (Diese Geburtenfolge von Struktur-Generationen im „ich", „in mir", von einer Reifungs-„Generation" zur nächsten wird in den biblischen Texten z. B. als „Kind und Kindeskind" bezeichnet.)

Diese „innere Welt", die sich durch unsere Bewusstseinsbegabung in unserem seelischen Raum entfalten will, ist also nicht nur Abbild und Vorstellung von dem, was draußen da ist, sondern ist darüber hinaus ein eigenständig lebendiges, geistiges Universum, aus dem nie gekannte Neuschöpfung kommt, die sich von dorther, von innen her, der äußeren Welt mit verändernder, belebender Wirkung hinzufügt.

Es findet sich da drinnen alles, was draußen da ist – auch ich selbst und, als entscheidende Zutat, „mein inneres Gegenüber": der (innere) Mann in der Frau/die (innere) Frau im Mann.

Oder vielmehr, diese entstehen innen, während „ich" in der äußeren Welt an Beziehungsfähigkeit wachse. Denn diese inneren Partner sind nicht von Anfang an fertig, genauso wenig, wie „mein ich" von Anfang an fertig da ist. Ihr Erwachen ist erst Frucht und Ergebnis der Wachstumsmühe um meine Beziehungsfähigkeit, die „ich mit mir selber" habe. Denn genau wie das Tag-Ich zunächst aus vielerlei Antrieben und widersprüchlichen Motiven besteht – genauso gibt es „ihm gegenüber" im Dunkel der Seele vielerlei Strebungen und widerstreitende Komponenten, einen ganzen Volkshaufen voller Unruhe und Spannung. Unser menschlicher Auftrag ist, dies Vielerlei zur Beziehungsfähigkeit zu bündeln – und in dem Maß, wie „ich mich überwinde“ (dies anfängliche Vielerlei) und eindeutiger, einheitlicher „tiefer zu mir finde“, genau in dem gleichen Maß verdichtet sich im Dunkel des Unbewussten diese meine seelische Gegengestalt und bekommt ein Menschengesicht, das „mich“ innen anschaut. Das heißt, das fertig vermenschlichte „ich“ ist nicht eines, sondern zwei: Es ist Zwiesprache, es ist „Paar“. Und erst diese fertige, dialogische Zweiheit ist „Individuum“, unteilbare, unverwechselbare, eindeutige Identität. (Heute wird vielfach behauptet, dass es eine solche eindeutige „Individualität“ gar nicht wirklich gibt. Das liegt daran, dass der Wachstumsprozess dorthin sehr viel Anstrengung vom Einzelnen verlangt und auch viel Hilfestellung von der Gesellschaft erfordern würde. „Ich“ muss/müsste *von mir selbst* in langen und mühsamen Werdeprozessen erst *in mir selbst* und *mit mir selbst* so deutlich verdichtet werden, dass sich die vielerlei Antriebe in meiner Tiefe sich *mir gegenüber* zum einmaligen, unverwechselbaren Angesicht „meiner Seele“ versammeln und ihre verworrenen Stimmen sich zur *einen* deutlichen Rede an mich vereinigen, so dass ich in mir selber „Du“ zu meinem Wünschen sagen kann und auch aus mir selbst deutliche Antwort bekomme. Dann erst „bin ich *ich*“.)

In diesem Wachstumsprozess entsteht also „in mir“ eine vollständige und stabile „innere Welt“, die der äußeren Welt „vor mir“ gegenübersteht und „durch mich“ mit ihr in Beziehung steht: Die reale Beschaffenheit der äußeren Welt muss mit der Wahrheit des inneren Fühlens so in mir verbunden sein, dass mir die einmalig genaue, „beziehungskreative“ Antwort auf die Situation des Augenblicks möglich wird.

Beide Ebenen, die innere und die äußere, müssen dafür sauber voneinander unterschieden und getrennt sein. Nur wenn „ich“ sie nicht mehr miteinander verwechsle, kann ich sie durch meine *Aufmerksamkeit* gleichzeitig für beide in mir wieder richtig miteinander *in Beziehung* setzen und so verbinden. Und nur, wenn sie so in mir durch mich miteinander „zu meinem Erkennen“ verbunden sind, kann ich aus ihnen beiden beziehen, was für das lebendig Leben in lebendigen Beziehungen unerlässlich ist: jeweils aus der einen „Welt" wichtige Informationen für das Gestalten der anderen „Welt", so dass sich das Leben über beide erheben kann (wie sich ein blühender Strauch über seine Wurzeln erhebt).

Wenn wir also die Emanzipation der Frau vorantreiben, müssen wir das so tun, dass diese Wesenskreativität in uns, dieser allerverletzlichste, wandlungsfähige Kern in uns, nicht beschädigt wird – nicht in uns selbst, nicht in unseren Männern und nicht in den Kindern. Vielleicht ist dies ja sogar der eigentliche Sinn und die geheimste unbewusste Triebfeder für die mächtige Emanzipationsbewegung, zu der die Frauen sich erhoben haben: Die Zeit ist gekommen, dass „das Weibliche" in der Seele des Menschen tiefer zu seiner Eigenart aufwacht und dem Ganzen der Menschenwelt etwas *hinzufügt,* was für eine Weiterentwicklung der Menschlichkeit über ihren Gegenwartszustand hinaus dringend gebraucht wird. Diese Aufwache- und Hinzufüge-Arbeit geht uns alle an, die Männer genauso wie die Frauen, aber da die Frauen natürlicherweise „dem Weiblichen" näher sind als die Männer, ist es zuerst und ganz wesentlich „Frauensache".

Vielleicht werden Sie jetzt enttäuscht sein. Denn eigentlich will ich gar nicht so sehr von der „Emanzipation *der Frauen*" reden als vielmehr von der „Emanzipation *des Weiblichen*".
Die „Emanzipation der Frau" gehört zum Thema GLEICHHEIT ALLER MENSCHEN, sie ist eine Frage der Gerechtigkeit zwischen den Menschen und findet *in der Gesellschaft* statt. Die „Emanzipation des Weiblichen" dagegen ist grundsätzlicher und greift tiefer; sie gehört zum Thema *Kreativität des Geistes* und ist eine Frage der *Gerechtigkeit für das Leben*; sie findet in der Seele statt und verändert von dorther alle Maßstäbe und auch die Gesellschaft, weil sie den Menschen verändert, die Frauen sowohl wie die Männer.
Um diese größere „Emanzipation" ist es mir zu tun. Sie ist zwar

mit der „Emanzipation der Frau“ eng verbunden, und doch wäre es möglich, dass sie genau dadurch (also durch eine falsch verstandene „Emanzipation der Frau“) zerstört und verhindert wird. Denn je nachdem, worum es uns Frauen vor allem geht – um Macht und Geltung oder um Erweiterung der Einsicht – wird die „Emanzipation des Weiblichen“ von uns bereitet, durchgetragen und vorangetrieben oder aber behindert und gehemmt.

Mir scheint, was ich Ihnen erzählen möchte, ist viel möglichen Missverständnissen ausgesetzt. Ich habe lang an den Formulierungen getüftelt – und am Ende gefunden, dass ich das Missverständnis nicht vermeiden kann. Ich muss einfach anfangen, meinen Gedankengang zu entwickeln.
Deshalb habe ich mir ein paar Punkte aufgeschrieben, über die ich Ihnen erzählen will. An diesen Stichworten entlang möchte ich Ihnen ein Modell entwerfen, das mir anschaulich und sehr hilfreich vorkommt.

1. Emanzipation der Frau
hat in erster Linie zum Ziel, Selbstbestimmung, Selbständigkeit, Selbstbewusstsein, Selbstverwirklichung und Selbstvertrauen zu erreichen. So weit, so gut.
Es geht darum, den eigenen Verstand zu benützen, die eigene Kreativität zu entfalten, den eigenen Ausdruck zu finden, die eigene Tatkraft für die *eigenen* Ziele einzusetzen.
Nicht länger aufblicken zu müssen, sich unterordnen zu müssen, zurückstehen zu müssen, alles Eigene aufschieben, anpassen, zurückstellen zu müssen.

2. Aber wenn wir fragen, „wohin?“,
zeigen sich mehrere mögliche Richtungen:
– *In Gegnerschaft* zum Männlichen, im Kampf gegen das Patriarchat, entsteht Konkurrenz, Rivalität, Machtkampf, Ressentiment, Groll auf beiden Seiten.

Als Ergebnis wäre dasselbe in Grün zu erwarten („Amazonenstaat") oder aber der Umschlag ins Gegenteil (Magie, Zauberei, Esoterik).

– *In Partnerschaft* mit dem Männlichen *(ohne Hinzufügung)* ergibt sich auf der Arbeits- und Leistungsebene Gleichheit, wechselnde Rollenaufteilung, uniforme Angleichung, Kumpelschaft; da bleibt nur noch auf der sexuellen Ebene Platz für die („weiblich-männliche") spannungsreiche Gegenüberbeziehung und ihre kreative Polarität. Das bedeutet schmäler werdende Bandbreite des Begehrens.

Die Schau-Erotik der Werbeplakate und die Nacktheit der Kinostars spricht nicht eben für eine hohe Vitalität des Begehrens – was die Unterhaltungsindustrie durch die Medien verbreitet, scheint eher Ausdruck einer Impotenzkultur!

Es kann nicht der Sinn der Gesamtentwicklung sein, dass die *Vitalität erlischt!* Die Vitalität unseres Wünschens, die seelisch-geistige Vitalität, die uns in unseren Körpern lebendig erhält, lebt davon, dass wir „heiß begehren" können.

Es scheint aber, dass die einfache, kreatürliche Triebspannung im Abflachen ist. Wenn „die Liebe zwischen den Geschlechtern" sich nicht durch eine neue, tiefere Dimension der Menschlichkeit mit einer neuen, tieferen Vitalität füllen darf, werden immer mehr Menschen mit virtueller Cyber-Space-Erotik, mit Sex-Videos und echtimitiertem Fernseh-Alltagsleben im „Taxi Orange" genug haben.

Gibt es eine Alternative zu dieser wachsenden Entfremdung?

Es muss eine Weise geben, wie die Intensität des Begehrens weiterwandern kann: aus dem Körper nach innen, aus der Triebsphäre in den Bereich „der Seele".

Wenn die „animalische Ebene" der blanken körperlichen Sexualität an Lebensfülle verliert, muss sich dafür eine neue „psychospirituelle Ebene" „gleichnishaft ganz anders genauso" mit Lebensfülle auftun: als ein Lebensland und eine Wirklichkeitsebene für unsere Wachheit, auf der wir uns so leibhaftig von innen lebendig erfahren können, wie das beim ganz kleinen Kind in der

Sandkiste ist, und wie es in der ersten großen Verliebtheit der Adoleszenz als heftiges Lebensgefühl aufflammt.
Denn wenn keine solche Verschiebung möglich wäre, dann müsste das ja bedeuten, dass das Menschsein verdorrt.
Und genau diese Angst ist es wohl auch, die so viele absurde Blüten hervorbringt, Räusche und Ekstasen, Drogenhunger, Sektenwesen, Kulte und seltsame „Rückwärts-Ideologien" von der heilsamen Geistigkeit der Druiden, der Schamanen, der Aborigines – als ob wir, die wir längst in einem ganz anderen Weltverständnis leben, dorthin zurückkehren könnten, wo diese Menschen gedacht haben. Man verspricht sich davon tieferes Erleben. Aber in Wirklichkeit ist das nicht mehr als ein begehrliches Naschen an der Lebensintensität vergangener Zeiten oder sehr fremder Kulturen; es ist „Ersatz", echt-imitierte Cyber-Space-Geistigkeit aus der Nostalgiekiste – und hat mit wirklicher „Erneuerung" gar nichts zu tun.
Für meine Begriffe ist die *Angst vor dem inneren Austrocknen* zwar unbewusst, aber enorm groß. Einzig wirksames Gegenmittel ist ein Weitergehen in Wachstumsrichtung, eine Zunahme, ein Mehrwerden, „Reifen".
Es ist deshalb sehr bedauerlich, dass zwar sehr viel von „Persönlichkeitsentwicklung" geredet wird, dass damit aber nur selten eine wirkliche persönliche Weiterentwicklung im Sinn einer Wesenswandlung gemeint wird.
Das liegt daran, dass man sich solchen Wachstumsweg nicht „zurechtlegen" kann: er entwickelt sich aus sich selbst, indem man ihn „tut", Schritt für Schritt, oft ohne zu wissen, was weiter wird. Für unsere Angst, die alles jederzeit unter Kontrolle halten will, sieht das ganz unmöglich aus.
Denn konkret *vorstellbar* ist ein solcher Entwicklungsschritt über unsere derzeitige Verfassung hinaus nicht: Wir können nicht für uns gedanklich vorausentwerfen, wie wir die Welt wahrnehmen werden, wenn wir erst aus dem jetzigen Zustand in einen künftigen weitergegangen sein werden.

Genauso wenig kann sich das Zweijährige vorstellen, was ihm die langsam verblassende Wunschwelt des Fläschchens und der Kleinkindgeborgenheit ersetzen soll. Es ist *noch nicht dort*, wo ihm sein künftiger Entwicklungsweg die Zauberregionen der Märchen eröffnen wird, diese Zuhöre-Selberphantasiere-Traum-Innenwelten des Bilderdenkens. Zweijährig ist es noch ganz eins mit seiner Leiblichkeit und kennt die eigenständige Weite der „Innenwelt Psyche" noch nicht, weil dieser „innere Raum" sich noch nicht nach innen eröffnet und als eine zweite, innere Welt von der äußeren abgesondert hat.

Wenn man dem Kind davon sagen wollte, würde es nicht verstehen, wovon die Rede ist.

In einer vergleichbaren Situation sind wir Erwachsenen jetzt – nur dass wir nicht aus unserer Zweijährigkeit auf unsere Fünfjährigkeit zugehen müssen, sondern aus unserer mentalen Verstandesdominanz in einen integralen, ganzheitlichen Zustand, der uns erlaubt, mit dem ganzen Wesen wach zu sein. Und weil uns das alle, als Kollektiv, betrifft, haben wir auch nicht (wie das zweijährige Kind) neben uns „Erwachsene", die den gleichen Schritt irgendwann selbst auch getan und bewältigt haben, so dass sie uns ganz selbstverständlich und unirritiert hinüber geleiten könnten, weil sie schon ganz genau wissen, um was es da geht, und was da kommt, und wie das dann sein wird. (Natürlich gab und gibt es solche Menschen – aber noch gelten sie so sehr als Außenseiter, dass sie kaum Wegweiserfunktion bekommen.)

3. Das psycho-spirituelle innere WACHSTUM besteht wesentlich im Reifen der „Beziehungsfähigkeit":

Der Mensch ist ausgestattet mit der grundsätzlichen Fähigkeit, sich bewusst, aktiv, wissend und einfühlend „in Beziehung zu setzen". Das ist etwas ganz Neues in der Natur.

Es ist sehr bezeichnend, dass dieses Wort „Beziehung" einerseits stillschweigend für uns die Hauptbedeutung „zwischenmenschliche Vorgänge" angenommen hat, obwohl doch die Wechselwirkungen auf anderen Ebenen, zwischen Sachen oder anderen Lebewesen oder Situationen, natürlich auch „Beziehungen“ sind, nur eben keine „zwischenmenschlichen“: Insgeheim wissen wir wohl gut genug, dass die „Beziehungswelt der Menschen“ etwas qualitativ anderes ist als all die anderen Beziehungen, die ihr auf der physikalischen oder biologischen Ebene vorangegangen sind. Wir wissen es zwar, aber irgendwie gelingt es nicht recht, damit Ernst zu machen – und für diese ganz neue Qualität auch ganz neue Worte zu benützen, so dass ihre andersartige Qualität ganz deutlich verstehbar würde.

Diese spezifisch menschliche „Beziehungsfähigkeit“ hat mit „Erkennen“ zu tun, mit „Erkanntwerden“ und „sich zu erkennen geben“.

So, wie das zwischen Menschen statthat und was zwischen Menschen daraus weiter entsteht (eben „Beziehung“, Liebe), ist das eine ganz neue, spezifisch menschliche Qualität, die es im Tierreich nicht gibt, nicht geben kann, weil Bewusstsein, Subjektivität, Einfühlung, Phantasie, Sprache und Freiheit des Willens dazu gebraucht werden: Denn es ist ja Wechselseitigkeit und Lernen dazu notwendig – beides ist dazu notwendig, das eigene „ich“-Sein und die Anrede des anderen „ich“ als „Du“/das „Sich anreden lassen“ und „Dir antworten“, aufrichtig als das „ich, das ich bin“ – und dass sich in all diesem „zwischen uns“ die Welt verändern lässt, indem wir beide lernen.

Nun kann man grundsätzlich nur so viel wahrnehmen, als man bereits – zumindest als eine Vorform oder Möglichkeit – in sich hat. Wer überhaupt nicht musikalisch ist, hört Musik nicht als „Musik“, sondern nur als „Geräusch“. Um Schönheit einer Dichtung wahrnehmen zu können, muss man selber ein bisschen vom Dichter in sich haben.

Beim Lernen kann man eindrucksvoll erfahren, wie viel mehr man sieht, je mehr man bereits weiß; nur weil die Vorstruktur für das Erkennen einer Form sich in mir schon gebildet hat, kann ich sie draußen auffassen, wenn ich ihr begegne.

Mit der spezifisch menschlichen „Beziehung“ ist das nicht anders: In uns ist die Basis der „Beziehungsfähigkeit“ von allem Anfang an angelegt: wir haben die Vorstruktur von „gegenüber sein“ und „einander erkennen“ in uns. Jedes Neugeborene bringt dieses stumme innere Basisquantum an „Beziehung“ mit auf die Welt. Das ist sozusagen seine angeborene „Musikalität für die Liebe“. Und nur weil es selber „beziehungsmusikalisch“ ist, kann es die Anrede seiner Mutter hören und beantworten, so dass die „Mutter-Kind-Beziehung“, als der Anfang aller späteren Beziehungen, sich aus der stummen Anlage entfalten kann. Diese mitgebrachte Anlage differenziert sich dann im Lauf des Heranwachsens in immer neuen, immer komplexeren Polaritäten, nach „gleich und verschieden“, nach Anpassung und Selbstbehauptung, Einfühlung und Abgrenzung, Selbersein und Dazugehören.
Ganz allgemein und *unabhängig vom Geschlecht* entwickelt sich in uns (in Männern und Frauen) das menschliche „ich“-Sein und „Du“-Sagen „als Beziehung“ (so dass wir andere *Menschen als Menschen erkennen* und uns anderen *zu erkennen geben* können). Weil aber das „ich“-Sein für jeden und jede von uns ganz konkret im Körper beginnt und aus leibhaftigen Erfahrungen in diesem Körper gebildet wird, ist es von allem Anfang an *durch das biologische Geschlecht dieses Körpers geprägt.*
Es ist z. B. eine Erfahrungstatsache in der Psychotherapie, dass die seelisch-geistige Entwicklung empfindlich gestört wird, wenn ein Mädchen nicht „eindeutig weiblich“ oder ein Bub nicht „eindeutig männlich“ sein darf. Buben, die in Mädchenkleider gesteckt wurden, Mädchen, die einen Bubennamen trugen, tun sich später sehr schwer – und das nicht nur, weil „soziale Rollen“ in der Gesellschaft vorgeschrieben sind, sondern weil unser Geschlecht von der Empfängnis an in unseren Körperzellen festgeschrieben ist und seine Spuren *in allem* hat, was zu uns gehört, auch in „der Seele“.
Die wechselseitige und kreative Beziehungs-Qualität „Erkennen“ ist das, was im „Verstand“ *das spezifisch Menschliche ist:*

Wie komplex dies spezifisch Menschliche ist, wie viel Neues es mit sich bringt und wie weit es in die Geistebene hinübergreift, spiegelt dies Wort „erkennen" eindrücklich: denn nach seinen Bedeutungsnuancen heißt es „wissen" (intellektuell etwas kennen, scharf unterscheiden), aber auch emotional „einsehen, erfassen, erfahren", intuitiv „schauen", im Sinn von „ergriffen sein, durchdrungen sein" – und „sinnlich berühren" – ja, so tief berühren und berührt werden (und zwar sexuell im Körper und/oder spirituell in der Seele), dass Veränderung, Verwandlung, Geburt von ganz Neuem daraus entspringt. Es ist die Grundlage der Kreativität.

Dieses spezifisch menschliche, vielschichtige „Erkennen" hat zur Voraussetzung, dass es in uns ein „Innen" gibt, und zwar ein Innen, das mehr ist als das einfache Fühlen oder Verstehen, wie es auch die Tiere haben, die Hunde zum Beispiel. Mein Hund „kennt mich" und „erkennt mich wieder", als eine wohlbekannte, vertraute Person. Da ist offensichtlich Fühlen (Freude) auch unbezweifelbar ein (sogar z. T. sprachliches) Verstehen.

Aber das, was sich unter Menschen ereignen kann, ein Begegnen, das meine ganze menschliche „Beziehungsfähigkeit" herausfordern und beantworten würde, bleibt da ganz ausgeschlossen. Dieser Qualitätsunterschied alleine schon könnte uns beweisen, dass die „Beziehungswelt", die auf dem menschlichen „Erkennen" ruht, auf einer „höheren Ebene" daheim ist: auf der wechselseitigen und schöpferischen Ebene des „geistigen Lebens".

Denn zu diesem „Erkennen" gehört, dass da *ein* Innen („meines") *ein anderes* („deines") erkennt, „sich dir zu erkennen gibt" und ertragen kann, „sich von dir erkannt zu wissen": In jedem von uns ist „das Leben" zweimal – einmal als das einfache Leben im Außen und einmal als das individuelle, verborgene innere Leben, das auf das äußere Leben antwortet und gestaltend hinauswirkt. So webt alle Wechselwirkung zwischen uns vom Innen des einen ins Außen und hinüber ins Innen des andern, und wieder zurück.

Und wie es im Außen „Frau" und „Mann" gibt, so gibt es auch innen – in der Seele – „Frau" und „Mann". Das „Erkennen", mit dem wir begabt sind, ruht darauf, dass wir, jeder von uns, *ein inneres Gegenüber* haben, das mit uns wächst und durch das wir wachsen.

Da ich eine Frau bin, ist „mein ich“ weiblich – aber da ich EIN MENSCH bin, habe ich „das Männliche“ auch: innen ist meinem „ich“ gegenüber der „innere Mann“, der dazu bestimmt ist, mein innigster Gefährte und Gesprächspartner zu werden (ohne doch den Weg zum äußeren Partner zu verstellen!).

Bei einem Mann ist es umgekehrt: Da sein „ich“ männlich ist, und er aber „das Weibliche“ auch hat, ist ihm innen gegenüber eine Frau – seine innere Frau, die seine innigste Gefährtin und Gesprächspartnerin ist/wäre/ sein müsste, damit er zu seiner äußeren Gefährtin in wirklich lebendige Beziehung treten kann.

Denn *ohne* diesen inneren Partner ist die innere Welt nicht vollständig und nicht stabil: Ohne solche innere Verdoppelung ist unsere Beziehungsfähigkeit nicht eigenständig. Denn die Beziehung, die „ich“ innen zu „mir“, zu meinem inneren Gegenüber habe, trägt alle meine Beziehungen außen:

Das Vorhandensein der inneren Beziehung zum inneren Mann ermöglicht, dass die Frau in allen Spannungen ihrer Beziehungswelt außen „selber stehen“ und „bei sich bleiben“ kann, dass sie „in Beziehung treten“ kann, ohne verschluckt zu werden, dass sie „nahe sein“ kann, ohne zu verschmelzen, dass sie „sich abgrenzen“ kann, ohne Beziehung abzubrechen, dass sie bei sich sein kann, indem, obwohl und während sie beim andern ist/dass sie ganz beim andern sein kann, ohne sich zu verlieren/dass sie „gegenüber sein“ kann, indem, obwohl und während sie ganz beim andern und ganz bei sich selber ist.

Ganz dasselbe gilt für den Mann und seine „Frau im Mann“.

(Von diesem „Ort“ aus wird Liebe wahrhaftig lebbar. Deshalb ist es eigentlich höchst notwendig, dass er – in uns – entsteht. Aber es ist auch ein schwieriges, langwieriges, mühsames „Wachstumswerk“, ihn auszubilden, zu ihm hinzuwachsen, ihn aus sich zu machen – deshalb geschieht es nicht oft.)

Dass unsere „Beziehungen“ zu anderen Menschen so häufig katastrophal im Argen liegen, liegt daran, dass wir nicht lernen, nicht die Geduld haben, nicht die Kraft und Mühe aufbringen, diese innere Beziehung in uns selbst – zu uns selbst – lebensfähig werden zu lassen.

Die *Liebesfähigkeit des Menschen* ruht auf der unbewussten, vorbewussten Paarbeziehung, zu der sich unsere Begabung mit Seele und Geist entwickelt/entwickeln müsste, sollte, könnte.
Die Liebesfähigkeit des Menschen ist ganz reif, wenn diese innere Paarbeziehung ganz wach und bewusstseinsfähig geworden ist.
Denn diese(r) innere Partner(in) bewirkt durch ihr/sein Vorhandensein nicht nur, dass „ich nie mehr alleine bin“ und deshalb dem anderen Menschen frei begegnen kann, ohne an ihm kleben zu bleiben und ohne mich vor ihm schützen zu müssen – sie/er fügt auch darüber hinaus unausdenkbar neue Information und nie geahntes Wissen zum Wissen des Tag-Ich hinzu.
Wenn also „der Mann in der Frau“ so fertig und wach geworden ist, dass beide, das Tag-Ich und sein inneres Gegenüber, zueinander eine wache, aufrichtige wechselseitige Beziehung haben, wie Mann und Frau in einer reifen Liebe – dann ist die Liebesfähigkeit dieser Frau ganz frei für andere Menschen – und außerdem kommt dann ein anderes Wissen dazu, das Wissen, das „das Weibliche“ unserem jetzigen Wissen hinzuzufügen hat. Denn wenn „der Mann in der Frau“ sprechen lernt, wird unserem Verstand die Information „verstehbar“, die „der Mann in der Frau“ uns mitzuteilen hat.

4. Innen und außen
Unsere Beziehungsfähigkeit ruht also darauf, dass wir innen eine ganze, eigenständige seelisch-geistige Welt haben. Obwohl sie aus der äußeren Welt entsteht, ist sie doch von ihr verschieden und muss sauber von ihr getrennt sein, damit sie beide ohne Verwechslung „durch mich“ verbunden und in Wechselwirkung mit-

einander gebracht werden können. Deshalb entwickelt sich unsere „Beziehungsfähigkeit" erst langsam und durch viele Zwischenstufen von der Kindheit bis ins Erwachsenenalter.
Was so entsteht, ist ein ziemlich vielschichtiges, komplexes und wunderfeines Gebilde aus Wechselwirkungen und Dialog zwischen äußerem Erleben und innerem Verarbeiten, zwischen inneren Prozessen und ihrer äußeren Realisation.
Es entsteht nicht auf einmal, sondern phasenverschoben für beide Geschlechter in Gemeinschaftsarbeit zwischen ihnen.

In den langen geschichtlichen Zeiträumen ging *„das Männliche"* voraus:
– dass wir hier sitzen und nicht mit blutigen Fingern den Spinnrocken drehen müssen, dass wir nicht reihenweise im Kindbett sterben, dass unsere Kinder in der Mehrzahl groß werden und dass man bei uns und ihnen gegen unglaublich viele Krankheiten Wirksames tun kann;
– dass unser Aktionsradius mächtig erweitert ist, dass man vom Zillertal nach Innsbruck ein bis zwei Stunden und nicht mehr tagelang unterwegs ist, dass wir so viel Welt und Wissen berühren und für uns haben können;
– dass Frauen Topmanagerinnen, Bildhauerinnen, Universitätsprofessorinnen sein können, dass wir alle lesen und schreiben können, dass viele von uns einen Computer haben und bedienen können, dass wir so gut wie alle Waschmaschine und Kühlschrank besitzen – das alles ist *Ergebnis und Frucht des männlichen Vorsprungs* an rationalem Denken.
Und noch heute prescht in jeder und jedem Einzelnen von uns der „männliche Anteil am Verstand" – das analysierende Denken, die rationale Logik und der nüchterne Tatsachenverstand – voraus, wenn wir in die Zeit der Schulreife kommen.
Eines sollten wir auch in der Hitze der Anerkennungs- und Emanzipationskämpfe also nie vergessen: Die so genannten „patriarchalen Strukturen" haben nicht nur Schlechtes gebracht,

nicht nur Sklaverei, auch sehr viel Freiheit! Dass die Emanzipation der Frau heute reale Möglichkeit ist, verdanken wir genau dem Patriarchat, das wir zu überwinden trachten.

Aber phasenverschoben drängt nun die Entwicklung weiter:
Die Zeit ist da, wo die Frauen diesen Vorsprung der Männer ein- und aufholen wollen/können/müssen – und da stellt sich heraus, dass das bloße Ein- und Aufholen nicht genügt, sondern dass „das Weibliche" durch uns Frauen sein noch verborgenes Wissen für uns alle *dazufügen* muss (auch für die Männer!):
Es ist sozusagen Zeit für die Gegengabe, die wir der Menschenwelt für Waschmaschine und Kühlschrank und alle damit verbundenen Freiheiten schuldig sind: Der wissenschaftlich-technischen Ordnungsstruktur in der materiell-äußeren Welt müssen wir nun die geistig-emotionale Ordnungsstruktur des „Inneren" und der sozialen Beziehungswelt hinzufügen – und zwar nicht einfach bloß im Sinn von „mehr Gefühl und reicherer Sinnlichkeit und feinerer Intuition", sondern wirklich als *Ordnungsstruktur*, als die *wissbare Gesetzmäßigkeit der geistigen Bereiche.*
Der (sozusagen „männlichen") Intelligenz für die äußere Naturwissenschaft durchaus ebenbürtig, erwacht die (sozusagen „weibliche") Intelligenz für die Wissenschaft vom seelisch-geistigen Leben in uns und zwischen uns: Es ist ein genaues, nüchternes und sorgfältiges Wissen um die Belange der „Beziehungswelt", um das Zeitmaß der Seele und um die Zeiträume, in denen sie sich bewegt. Da gelten andere Wertsetzungen als in unserem äußeren Leben und schaffen auch andere Bedürfnisse, als wir sie „draußen" haben, die aber doch ganz ebenso „lebensnotwendig" gestillt werden müssen. Das Wissen darum und das Auge dafür gehört zur „weiblichen" Wissenschaft von der WIRKLICHKEIT DES GEISTES.
In dieser *Wissenschaft vom inneren Leben* müssen die Frauen den Männern vorausgehen, weil sie den direkteren Zugang dazu haben.

Wie beim Gehen jeweils *ein* Fuß zurückbleibt („am alten Platz"), während er vom andern überholt wird – genauso trifft nun die „männliche Seite des Menschen" ein „Stillstehen", weil der Schritt, den diese Seite zu tun hatte, für jetzt zu Ende getan ist. Das ist keine Diffamierung, so wenig, wie der rechte Fuß minderwertig ist, weil er auf dem Boden stillsteht, während der linke sich an ihm vorbeibewegt. Im Gegenteil: dieser stillstehende rechte Fuß hat (hätte! müsste haben!) die hochwichtige Aufgabe der Stabilisierung. Sein sicheres Stehen ermöglicht ja erst die ausgreifende Weiterbewegung des linken Fußes. Und der wiederum hat, derweil er vorausgreift und Neuland betritt, ebenfalls keinerlei Grund, sich besser oder auch minder zu fühlen:
Gleich *und* verschieden bewegen diese beiden Füße sich mit wechselnden Aufgaben durch Raum und Zeit und ermöglichen so dem Menschen das Gehen des Weges.
Mann und Frau sind in Bezug auf das körperliche Leben die zwei biologischen „Füße" der Generationenfolge und ermöglichen phasenverschoben in wechselnden Aufgaben das Weitergehen des Menschen durch die langen Zeiträume der Menschheitsgeschichte: Dass wir als Gattung noch nicht ausgestorben sind, liegt an der biologischen Geschlechtsverschiedenheit unserer Leiber.
In dieser Beziehung sind wir den höheren Tieren gleich – auch deren Gattungen gehen durch die ungeheuren Zeiträume der Erdgeschichte auf den zwei „Füßen" Männchen und Weibchen, durch die von Generation zu Generation das Leben weitergegeben wird.

5. Der Mensch („gleich und verschieden")
Über (oder unter) „Männlich" und „Weiblich" gibt es die GEMEINSAME Grundlage beider Geschlechter:
Männer und Frauen – alle Menschen – haben die grundsätzlich gleiche Grundausstattung mit allen Qualitäten, die überhaupt im Menschen zu finden sind. *„Nichts Menschliches ist uns fremd."*
Denn ob wir nun weiblichen oder männlichen Geschlechts sind, sind wir doch in erster Linie Menschen, und darin ganz gleich,

obwohl die Ausgestaltung unserer Körper bewirkt, dass sich die seelisch-geistigen Strukturen in uns verschieden entwickeln. *Beides ist gleichzeitig* wahr: die Gleichheit sowohl wie die Verschiedenheit von Frau und Mann in Körper und Geist.

a) Die Gleichheit

– *Körperlich* haben wir die Anlage aller Organe gemeinsam. Das Einzige, was Frauen wirklich nicht haben, sind die Produktionsstätten der männlichen Keimzellen – das Einzige, was Männer wirklich nicht haben, nicht einmal als Rudiment oder flüchtige embryonale Anlage, sind die Produktionsstätten der Eizellen. Diese beiden fundamentalen Verschiedenheiten begegnen sich in der Zeugung und werden kreativ durch ihre Verbindung im Kind. Dass solche kinderzeugende Verbindung (mit wenigen Ausnahmen) zwischen Menschen aller Herkunft möglich ist, beweist die GLEICHHEIT DER MENSCHEN auf der biologischen Ebene.

– *Seelisch* haben wir die Anlage aller Bewusstseins-Strukturen gemeinsam – Verstand, Gefühl, Intuition und Sinnlichkeit gehören zur Ausstattung jedes Menschen und jeder Mensch hat ein „ich", mit dem er sagen und erleben kann: „Es gibt mich, ich will, ich fühle, ich ahne, ich nehme wahr." Jeder Mensch hat unbewusste Bereiche, die zwar hochwirksam, aber ihm („seinem ich") unbekannt und unsichtbar sind.

Jeder Mensch – nicht nur jeder Europäer, jeder Mensch – hat das, was wir „Seele" nennen („das Lebendige innen in unseren lebendigen Körpern"), und das, was wir „Verstand" nennen („das Erkennende, mit dem wir erleben, lernen, begreifen"). Von Kulturkreis zu Kulturkreis verschieden sind vielleicht die Bezeichnungen und die Art und Weise des Lebensgebrauchs, der davon gemacht wird, nicht aber diese Grundtatsachen, auf denen unsere Bewusstseinsbegabung ruht.

Innerhalb *eines* Kulturkreises ist dieses Gemeinsame und Gleiche über die biologisch-körperliche Verschiedenheit der Geschlechter hinweg so stark verbindend, dass die Persönlichkeitsstruktur einer europäischen Frau der eines europäischen Mannes ähnlicher ist als der einer Indianersquaw aus Peru oder einer Hindufrau aus dem indischen Bergland. Dass sich Frauen aller Kulturkreise dennoch verstehen und solidarisieren können, dass ein Mann und eine Frau aus verschiedenen Kulturen einander dennoch dauerhaft lieben können, beweist die Gleichheit der Menschen auch auf der seelisch-geistigen Ebene.

b) Die Verschiedenheit:
– *Körperlich* ist die Verschiedenheit der Geschlechter biologisch bestimmt, im Erbgut der Zelle verankert, hormonell gesteuert und so typisch im Körperbau ausgedrückt, dass eine Geschlechtsbestimmung von Skelettfunden möglich ist.
– *Seelisch* entwickelt sich die Verschiedenheit im Lauf des Heranwachsens über der körperlichen Grundlage und den damit verbundenen geschlechtsbestimmten Anlagen, die es auch im seelischen Bereich gibt.
Es gibt z. B. typische Spielvorlieben kleiner Mädchen und ebenso typische der kleinen Buben, die *nicht* von außen gelernt sind – genauso, wie es ein instinktives Basiswissen der Frauen in Bezug auf Empfängnis, Schwangerschaft und früheste Säuglingsbeziehung gibt, das nicht von außen anerzogen, sondern keimhaft mitgebracht ist. (Dass solche leisesten Instinktbereitschaften „von außen" verschüttet werden können, so dass dann sehr ratlose Frauen angstvoll auf das kleine gefräßige Baby-Ungeheuer aus ihrem Bauch hinstarren müssen, wie auf einen Vampir des Grafen Dracula, spricht nicht gegen diese mitgeborene Instinktgrundlage der Mütterlichkeit! Unsere menschliche Ausstattung ist so verletzlich, wie sie kostbar ist. Mit einer falsch verstandenen „Emanzipation" gefährden wir sie nicht nur, sondern können sie auch völlig zerstören.)
Solche „strukturelle Verschiedenheit" der seelischen Bereiche hat mit der Biologie unserer Körper zu tun: Die Entwicklungsschicksale bei Mädchen und Buben sind verschieden, weil sie unter-

schiedliche Erfahrungen mit „gleich und verschieden“ machen (das Mädchen z. B. bleibt in der „Gleichheit mit der Mutter“ – der Bub muss sich sehr früh als „anders“ erfahren. Er wird zuerst in das Getrenntsein gestoßen, bevor er ein „Gleichsein“ erfahren kann. Das schafft ganz unterschiedliche Gewichtungen im Umgang mit dem Körper und mit Verbundenheit und Trennung. Außerdem erfahren Mädchen durch ihren Körper Erlebnisqualitäten von innen (Geduld z. B. und die Aktivität des Wartens), denen die Buben mehr draußen, in ihrem Tun begegnen. Das schafft unterschiedliche Akzentsetzungen in der Seele.

6. Die entscheidende Rolle des Innen:
„Das Innen“, Seele und Geist, spielt beim Menschen eine größere Rolle als beim Tier, es ist anderer Art, es ist eine eigene „Welt“: es ist zentral wichtig für unser Lebensgefühl – und in der Situation, in der wir uns jetzt befinden, wird es immer noch wichtiger, *weil dort das weitere Wachstum stattfindet.*
Also genau diese notwendige Verlagerung der Lebensfülle, der Intensität, der Lebendigkeit, die das Vertrocknen verhindert, wird durch das Innen ermöglicht!
Unsere Körper sind ausgewachsen, wenn wir etwa 20 sind, und die leiblichen Begierden lassen sich nicht unbegrenzt steigern – wenn die Triebbefriedigung schal und das Begehren dünn wird (so, wie es sich in der entfesselten Nacktheit unserer Bildangebote ausdrückt), dann ist aus der Körperebene allein keine Revitalisierung zu erwarten.
Für die Tiere stellt sich dies Problem nicht, weil sich ihre Lebendigkeit nicht verlagert, bei ihnen wandert die Intensität nicht von außen nach innen, vom Körper weg in andere Bereiche. Tiere „wachsen“ vielleicht noch an Geschick und Erfahrung, wenn sie ausgewachsen sind, aber nicht „an Seele und Geist“.
Aber für uns Menschen hat die Natur da einen ganz neuen Aus- und Weiterweg vorgesehen, indem sie uns nicht nur körperlich und außen, sondern auch seelisch-geistig und innen mit „Männ-

lich“ und „Weiblich“ ausgestattet hat: Darauf ruht unsere Begabung mit „Erkennen“.

Im Augenblick geht ja der Trend eher in die Richtung, alles aus dem Körper allein zu erklären – Depression, Sucht, Wutanfälle, ausgeglichene Heiterkeit und lebhaftes Interesse, für alles werden Gene entdeckt, die das Verhalten bestimmen. Aber für das, was ich Ihnen erzählen möchte, genügt der Körper allein nicht: Es muss darin auch die Seele geben dürfen und auch den Geist. Und es muss die Entwicklung über das rein Körperliche hinaus geben dürfen, in dem Sinn, dass einer an Seele und Geist wachsen kann, *in* seinem Körper und unabhängig von ihm, wegen und trotz allen seinen genetischen Anlagen. Ich denke, dass wir uns selber als Menschen nur dann wirklich ernst nehmen, wenn wir die Eigenständigkeit und Lebendigkeit der „Inneren Welt“ anerkennen: Wenn wir also zulassen, dass die individuelle Anstrengung um eine Zunahme an Einsicht, an Tragkraft, an Geduld und an Güte tatsächlich Wachstumswirkung an mir und in mir hat. Denn wenn man die Vorstellung hat, dass sowieso alles von den Genen bestimmt ist oder von den Sternen, oder von der Gesellschaft, dann erübrigt sich alles Nachdenken und auch alle Vortragsmühe, weil sich ja dann alles von selber ergibt und man sowieso nichts anders machen kann, als es die Gene und die Sterne und die Gesellschaft vorschreiben.

7. Hinzufügung

Als ich mit den Gedanken an diesen Beitrag herumging, dachte ich, wie ich wohl deutlich und knapp sagen könnte, was „der Mann in der Frau“ zum „Denken der Männer“ an ganz neuem Wissen hinzuzufügen hat – was er uns Neues mitbringt aus seiner inneren Welt, wenn er in uns Sprache gewinnt.

Da fiel mir eine Buchbesprechung in die Hände: Dort ging es um die Schriften von *Emanuel Levinas*, das war ein jüdischer Philosoph und Schriftgelehrter, der fast seine ganze Familie in den Konzentrationslagern verloren hat. Mit seinem scharfen Geist und seinem großen Wissen und seiner genauen Kenntnis des Al-

ten Testamentes und des Talmud hat er sein ganzes weiteres Leben damit verbracht aufzuzeigen, dass der Weg der Religion einen Weg der Menschlichkeit weist, und dass ein richtiger Entwicklungsweg der Menschheit mit oder ohne Religion ein solcher Weg der Menschlichkeit sein muss.
Sein Lebensthema war die BEZIEHUNG zum anderen Menschen und die VERANTWORTUNG, die wir füreinander haben, und die BEGEGNUNG zwischen den Menschen als das Wesentliche, in dem sich DAS HEILIGE ereignet.

In der Buchbesprechung heißt es:

> „Gerade diese[s Buch ...] führt zu jener moralphilosophischen Grundfrage, die Levinas in allen seinen Schriften bewegt und die ihn zur äußersten Konsequenz einer Verantwortungsethik führt. ‚Was heißt Aufhebung der nationalen Unterschiede, wenn es nicht eine unteilbare Menschheit ist, die als Ganze verantwortlich ist für die Verbrechen und für das Unglück einiger weniger.' [...] Levinas radikale Schlussfolgerung lautet, ‚dass menschliche Verantwortung sich nicht teilen lässt und dass alle Menschen für alle anderen verantwortlich sind.' Nirgendwo wird deutlicher, dass es sich bei Levinas um eine religiös fundierte Ethik handelt. In seiner [Schrift] knüpft er noch einmal an den jüdischen Begriff des Bundes [zwischen Gott und den Menschen] an: [Wenn es im Talmud heißt] ‚Jeder in Israel bürgt für jeden', bedeutet [das]: Alle, die das göttliche Gesetz anerkennen, alle Menschen, die wirklich Menschen sind, tragen füreinander Verantwortung.'"

Soweit die Gedanken von Levinas – und dann fügt der Buchbesprecher hinzu:

> „Und genau hier liegt zugleich der problematischste Aspekt von Levinas' Denken. Die Formulierung ‚alle Menschen, die wirklich Menschen sind', verschiebt das große ethische Problem auf ein theologisch begründetes Wissen, das *rational eben nicht zu begründen* ist. Denn gehört es nicht auch zum Wesen

des Menschen, dass er jene Forderung, die im ‚Antlitz des Anderen' liegt, brutal missachten kann? Dass er jenen ‚guten Willen' zur Verständigung willentlich nicht aufbringt und statt zu sprechen zur Gewalt greift?

Levinas hat dies Problem ein Leben lang umkreist, die unmögliche Lösung jedoch nicht finden können. Denn die religiöse Überzeugung von der wechselseitigen Verantwortlichkeit stößt dort an die Grenze, wo sie nicht anerkannt wird. Der emphatische [hochtrabende] Begriff des ‚wirklichen Menschen', der die Zerstörer des Bundes ausschließt, ist eine moralische Forderung, eine *theologische Utopie*, aber er verschließt damit die Augen vor der Tatsache, dass die Menschheit und ihre geschichtliche Entwicklung *ohne die andere Seite der Gewalt eben nicht zu denken ist.* [...] Die radikale Verantwortungsethik muss sich am Ende auf das theologische Bild des jüdischen Bundes zwischen Gott und Mensch berufen, weil die rationalisierende Philosophie außer Stande ist, Letztbegründungen für ethische Prinzipien zu liefern.

Gegenüber einem immer rationaler werdenden Denken hat Levinas daran festgehalten, dass ethisches Handeln keiner logischen Begründung bedarf."

Hören Sie, welche selbstverständlichen Grundannahmen über das Menschsein in dieser Buchbesprechung stecken?

Stimmt es, dass das brutale Missachten des Andern zum Wesen des Menschen gehört? Gehört es nicht vielmehr zu seiner Verletztheit, zu seinen Wunden? Dass einer „den guten Willen willentlich nicht aufbringt", liegt an seiner Wut, an seiner Verzweiflung, an seinem Hass – an seiner Unwissenheit und den falschen Gedanken in seinem Kopf. Dass wir oft und oft „nicht wirkliche Menschen" sind, liegt an der Unfertigkeit und Beschädigung unserer Menschlichkeit.

Der Begriff des „wirklichen Menschen" ist zwar eine moralische Forderung, aber er ist nicht „hochtrabend". Er ist eine theologische Utopie, d. h. ein religiös begründetes Zielbild – aber deswegen ist er doch keineswegs eine unrealistische Täuschung, sondern eine *Aufforderung* und ein *Versprechen*. Die Tatsache, dass „die geschichtliche Entwicklung der Menschheit ohne die andere Seite der Gewalt eben nicht zu denken ist", bedeutet nicht, dass wir Gewalt in uns und zwischen uns nicht überwinden können, wenn das Wissen des Weiblichen in unserem Denken mitzudenken beginnt.

Die Grundannahmen dieser Buchbesprechung sind Grundannahmen, die man derzeit überall vertreten findet. Dass „der gute Wille" eine unzumutbare idealistische Forderung sei, wird als nahezu selbstverständlich betrachtet.

Das ist ein Denken ohne die *Hinzufügung*, die *das Weibliche* unserem Denken hinzuzufügen hat: es betrachtet den Menschen ohne jede Kenntnis von seiner kreativen Kraft, sich zu wandeln.

Es sind diese Grundannahmen, die zu überwinden sind. Wenn „die Emanzipation des Weiblichen" gelingt, wird sichtbar werden, dass sie so nicht stimmen (etwa so, als wollte man aus der Häufigkeit von Krebserkrankungen schließen, dass „krebskrank zu sein zum Wesen des Menschen gehöre").

Eine Philosophie, die keine rationalen Letztbegründungen für ethische Prinzipien liefern kann, ist eine Philosophie, die ohne die *Wissenschaft vom Leben* ist. Es ist eine Philosophie ohne die weibliche Seite *des Wissens*, die über dem „Naturgesetz" das größere GESETZ DES GEISTES anerkennt. Es ist eine „nur männliche", sozusagen „halbe" Philosophie.

Denn wie die Naturwissenschaft Aufbau und Struktur der äußeren Welt beschreibt, so beschreibt das mythische Bilderdenken der Seele Aufbau und Struktur unseres geistigen Wachstums, wie es in dieser äußeren Welt und für sie richtig geschehen kann. Es ist nur so lange „irrational" und stumm, als wir nur die bisherige („sozusagen nur männlich bestimmte") Form der Ratio, Logik und Sprache benützen.

Wenn wir aber eine Erweiterung der Verstandesgrenzen zulassen – wenn „das Weibliche" Vernunft und Sprache gewinnt für ihre gestalthafte Weise, Ganzheiten zu schauen, für ihr intuitives Fühlwissen von der Liebe, für ihre Erfahrung der Wahrheit durch das ganz leibhaftige Dasein in konkreter Beziehung zu allen Dingen und Wesen – dann gewinnt in uns *der Verstand für das Leben* seine Sprachfähigkeit. Er zeigt uns dann sehr logisch und rational, wo überall wir „töten": Gefühle, Gedanken, Wachstumsimpulse, Hoffnungen, Pflanzen, Tiere – und Menschen.

Es stimmt nämlich überhaupt nicht, dass „das tiefere Wissen" für immer „jenseits der Worte" liegen müsste. Und es stimmt auch nicht, dass „die Logik des Herzens" nicht „logisch" sei! Sondern bis jetzt ist uns das *Wissen vom Leben* nur in der irrationalen Sprache der Seele zugänglich („wortlos"), weil *das Weibliche stumm* ist. Aber sobald es zu sprechen beginnt, wird es uns das alles erklären: rational, logisch, in Worten, die wir deutlich und verstehbar zueinander sagen können.

Wenn „das Weibliche" seinen Verstand zum bisherigen, sehr einseitigen „Verstand" hinzufügen darf, wird sehr rational verstehbar, wovon Religion redet und was die religiösen Bilder bedeuten. Das Wissen darum, wie lebensnotwendig die Unverletztheit „des Geistes" ist, liefert unwiderlegliche Letztbegründungen für die Verantwortungsethik und lässt unmissverständlich erkennen, dass die Lust oder Trägheit, „den guten Willen willentlich nicht aufzubringen", ein Krankheitszustand ist, der nicht wirklich „zum Wesen des Menschen" gehört.

Denn DAS WISSEN DES WEIBLICHEN um die GESETZE DER GEISTWELT macht die Sinnzusammenhänge sichtbar, die zwischen ethischen Prinzipien und der geschichtlichen Weiterentwicklung der Menschheit bestehen: dass nämlich unsere Lebenskraft und die kreative Potenz unserer geistigen Wachstumsfähigkeit an unsere ethische Wachheit gebunden ist. Wer das verstanden hat, sieht mit eigenen Augen, dass es ganz unsinnig ist, „den Bund zerstören zu wollen“ und „die Forderung, die im Antlitz des Anderen liegt, brutal zu missachten“. Nichts ist dann logischer, als dass Gewaltausübung, Krieg und Mord ganz unlogisch sind.

Ethisches Handeln bedarf sehr wohl einer logischen Begründung, denn nur was wir ganz und gar, mit Herz und Kopf, in Verstand und Seele verstanden haben, wird uns so selbstverständlich, dass wir danach handeln. Die „theologische Utopie vom wirklichen Menschen“ ist Zukunftswissen in seiner unvollendeten Form. Wenn DAS WEIBLICHE ZUM WORT KOMMT, wird sich dies Zukunftswissen vollenden. Dann wird es uns „die Utopie“ verstehen lehren, als das Grundgesetz für unser ganz alltägliches Leben. Es liefert die überzeugende Letztbegründung für das ethische Handeln aus der Unbedingtheit, mit der *das Gutsein des Willens notwendig ist.*

Weitere Bücher von Dr. Veronica Gradl

Wachsam wachsen
Den eigenen Weg finden
112 Seiten, Broschur
Topos plus Taschenbücher Bd. 316
ISBN 3-7867-8316-0

Die Ruhe des siebten Tages und die Ohnmacht der Macht
Gedanken zur Geheimen Offenbarung des Johannes
358 Seiten, Broschur
ISBN 3-9500929-0-0

Die Heiligung der Wirklichkeit
Gedanken zur Geheimen Offenbarung des Johannes
796 Seiten, Broschur
ISBN 3-9500929-1-9

Prat
Zur Psychodynamik der Menschlichkeit
312 Seiten, Broschur
ISBN 3-9500929-2-7

Schall und Rauch
Von der eindeutigen Zweideutigkeit der Sprache

1056 Seiten, Broschur
ISBN 3-9500929-3-5

Menschen-Sohn aus Nazaret
Weg durch die Angst
160 Seiten, Broschur
Restexemplare bei der Autorin:
A 6123 Terfens, Weitental 22